Economics of Internal Migration

人口移動の経済学
人口流出の深層

山下隆之 [編著]

晃洋書房

2 人口流出と人手不足

人口流入と人口流出の組み合わせから，地域経済を4つのパターンに分けることができる（表1-1）．

静岡県の経済状態がタイプ④からタイプ③へと変化したのであれば，現在の人口流出を理解することができるが，実態はどうであろうか．

全国と比べると，静岡県は一貫して高い雇用環境を維持している（表1-2，表1-3）．このため③への変化は考えにくい．

表1-1 人口の流出入と地域の経済状態

		人口流出	
		高い	低い
人口流入	高い	①大学都市	②就業機会拡大地域
	低い	③就業機会減少地域	④就業機会安定地域

（出所）Blair and Carroll [2009: 162].

表1-2 女性雇用の変化率と寄与度（静岡県）

	2000-05	2005-10	2010-15
第1次産業（正規）	0.04	−0.29	0.04
第1次産業（非正規）	0.00	0.34	0.11
第2次産業（正規）	−3.35	−9.80	−0.32
第2次産業（非正規）	−0.63	7.44	−0.11
第3次産業（正規）	3.94	−25.08	0.68
第3次産業（非正規）	2.91	26.43	1.66
分類不能の産業（正規）	0.35	−0.41	−0.08
分類不能の産業（非正規）	0.05	0.48	0.03
総雇用の変化率	3.31	−0.91	2.02

（出所）総務省統計局『国勢調査』より筆者作成．

表 1-3　女性雇用の変化率と寄与度（全国）

	2000-05	2005-10	2010-15
第 1 次産業（正規）	−0.01	−0.09	0.05
第 1 次産業（非正規）	0.03	0.16	0.05
第 2 次産業（正規）	−4.02	−5.29	−0.06
第 2 次産業（非正規）	−0.15	2.58	−0.02
第 3 次産業（正規）	0.43	−14.89	−0.03
第 3 次産業（非正規）	2.15	13.40	0.83
分類不能の産業（正規）	0.68	−0.79	−0.19
分類不能の産業（非正規）	0.01	0.68	0.05
総雇用の変化率	−0.88	−4.24	0.69

（出所）総務省統計局『国勢調査』より筆者作成.

　女性人口の流出先は東京圏が多いから，東京都と比較しよう（**表 1-4**）.
　2010 年以降は確かに静岡県よりも東京都の雇用状況の方が良いが，それ以前は静岡県の方が良い状況であった．これでは，1990 年代後半からの女性人口の流出を必ずしも説明できないだろう．静岡県内は，むしろ人手不足に悩んでいる．人口流出問題を産業構造との関係で更に詳しく調べる必要がある．

表 1-4　女性雇用の変化率と寄与度（東京都）

	2000-05	2005-10	2010-15
第 1 次産業（正規）	−0.01	−0.01	0.01
第 1 次産業（非正規）	−0.00	0.02	0.01
第 2 次産業（正規）	−2.69	−3.12	0.60
第 2 次産業（非正規）	−0.47	2.01	0.12
第 3 次産業（正規）	1.55	−24.58	1.61
第 3 次産業（非正規）	2.55	22.03	0.69
分類不能の産業（正規）	0.44	−1.81	0.37
分類不能の産業（非正規）	−0.09	1.03	0.77
総雇用の変化率	1.27	−4.43	4.19

（出所）総務省統計局『国勢調査』より筆者作成.

は じ め に

前著『地域経済分析ハンドブック』において，私達は，静岡県の若い女性には県外へ進学や就職をすると，そのまま静岡県へ戻って来ない傾向があることを指摘した (p.135)．この女性人口流出の問題は，静岡県が人口流出県の全国ワースト4位に転落したこともあって，多くの人々が関心を寄せる大きな社会問題となった．現在，静岡県では，県も市も一丸となってこの流出問題に取り組んでいるが，成果はなかなか上がらないようである．「官製婚活」と呼称されるイベントを繰り返したり，保育園や公園を増やしたりしても，結婚適齢期人口の不均等の是正には繋がらない．

なぜならば，若い女性人口の流出は静岡県固有の問題ではないからである．近年，似たような現象がいくつかの県で生じている．若い女性には，インスタ映えするから原宿に住みたいとか，イベントが多いからお台場に住みたいなどの分かり易い（けれど移り気な）欲求があるかもしれない．しかし，女性の就業率も 70 ％を超える時代である．もっと，長期的な視野に立つ職業選択が関係している可能性がある．そこで，私達は改めて人口移動に焦点を当てた研究を進めることにした．本書はその成果の一部である．本書は人口問題を通して経済学を学べるように構成した．人口流出問題に関心を寄せる方々への参考になれば幸いである．

本書に収録した研究には，静岡大学人文社会科学部学部長裁量経費による継続的な支援を頂いてきたが，さらに本書の公刊にあたり，静岡大学人文社会科学部学部長裁量経費（研究公開助成金）を頂いた．深く感謝

の意を表する.

　また，晃洋書房の丸井清泰氏と福地成文氏には，執筆が遅れがちの筆
者達を辛抱強く支えて頂いた．改めて感謝したい.

　2019年1月

　　　　　　　　　　　　　　　　　　　　執筆者を代表して

　　　　　　　　　　　　　　　　　　　　　　山下隆之

目　　次

はじめに

第1章　人口流出の動向 ……………………………………… *1*
   1　静岡県の人口流出　　(*3*)

   2　人口流出と人手不足　　(*7*)

第2章　人口流出と政策的対応 ……………………………… *11*
   1　全国の人口移動の状況　　(*13*)

   2　まち・ひと・しごと創生長期ビジョンの策定　　(*18*)

   3　静岡県の人口移動の状況　　(*20*)

第3章　静岡県の婚姻と人口流出 …………………………… *29*
   1　静岡県における婚姻に関する研究　　(*31*)

   2　人口性比からみる女性の流出　　(*34*)

第4章　人口移動の理論 ……………………………………… *45*
   1　移動の法則　　(*47*)

   2　重力モデル　　(*49*)

   3　労働移動の新古典派モデル　　(*52*)

   4　労働移動の人的資本モデル　　(*56*)

   5　魅力乗数モデル　　(*56*)

第5章　人口移動の統計 ……………………………… 59

　は じ め に　（61）

　　1　人口移動の公的統計　（62）

　　2　人口移動に関する統計指標　（65）

　　3　統計データと統計指標の精度　（70）

　　4　人口移動の地域統計分析　（75）
　　　　　　　──静岡県の場合──

　お わ り に　（84）

第6章　都市の階層構造と人口移動 ……………………… 87

　　1　階層構造に従った人口移動　（90）

　　2　階層構造に従わない人口移動　（92）

　　3　女性人口の東京一極集中　（95）

　お わ り に　（98）

第7章　シフト・シェア分析からみる
　女性の就業傾向 ……………………………… 101

　　1　シフト・シェア分析　（103）

　　2　相対的シフト・シェア分析　（105）

　　3　地域経済の機能　（106）

　　4　全 国 動 向　（107）

　　5　結婚適齢期女性の動向　（110）

　　6　成長産業と女性人口　（112）

　お わ り に　（115）

目　次　v

第8章　地域産業連関モデルと労働需要 ……………… 117

1　分析モデル　（119）

2　データ加工に関する諸問題　（123）

3　静岡県経済の労働需要　（127）

おわりに　（137）

終　章　政策的提言 …………………………………………… 139

1　産業構造からみた人口流出問題　（141）

2　女性の社会的移動　（142）

3　日本経済への影響　（143）

索　引　（145）

第1章

人口流出の動向

1 静岡県の人口流出

　人口流出が止まらない．静岡県が直面している緊急事態である．所得は悪くない，就職先もある．それでも，人口流出が止まらない．その背景を探ると，日本経済全体が直面している問題が見えてきた．

　地方都市ではよくあることだが，大学進学の一時期，若者は三大都市圏へ向かう．しかし，就職の年齢になるとUターンによって，若者人口は回復する．ところが，2000年からこの若者人口の回復が静岡県では見られなくなったのである．若者の人口流出を放置するとどのような問題が生じるだろうか．**図 1-1** は，2015年国勢調査から作成した静岡県の人口ピラミッド（demographic pyramid）である．

　第1次ベビーブーム（1947〜49年）と第2次ベビーブーム（1971〜1974年）による凸凹はあるものの，生産年齢人口（15歳以上65歳未満）の後半に厚みのある「釣鐘型」の形状を示している．上述のように，大学進学と重なる20〜24歳人口が凹んでいることが静岡県人口の特徴である．

　2015年国勢調査の人口データに基づいて，コーホート要因法（cohort-component methods）により20年後の人口推計を行った結果が**図 1-2** である[1]．

　少子化の進行によって，人口ピラミッドの形状が「つぼ型」に変わっていくことが予想される．20〜24歳人口の一時的減少は今後も続くと考えられるが，それに続く人口回復の様相が男女で異なることに注目して欲しい．これは，近年，男性と比べて女性の県外への移動率が高くなってきたことから予想される結果である．女性の県外流出が増大していること，そして女性のUターンが激減していること，これが従来は見られなかった静岡県人口の最近の特徴である．

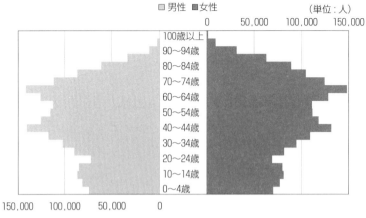

図 1-1　静岡県の人口ピラミッド（2015年）

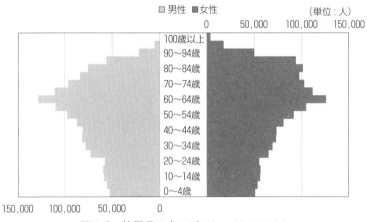

図 1-2　静岡県の人口ピラミッド（2035年）

　国勢調査は5年毎に実施されるから，5歳階級別のコーホート (cohort) に注目してみよう．コーホートは特定期間に出生した人口集団である．1965～69年の期間に出生した集団は15年後には15～19歳（昭和55年国勢調査），20年後には20～24歳（昭和60年国勢調査），25年後には25～29歳（平成2年国勢調査）となる．しかし，その集団を構成する人間の

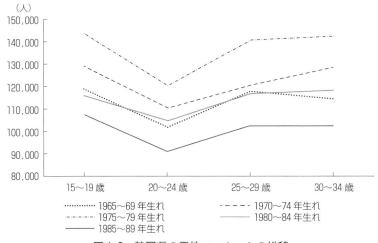

図 1-3　静岡県の男性コーホートの推移
（出所）総務省統計局「国勢調査」から筆者作成.

　総数は，流出や流入，あるいは死亡により変化していく．図 1-3 は，静岡県の 5 つの男性コーホートの変化を示している．

　いずれの世代も，大学進学の時期（20 〜 24 歳）に人口を減らすが，その後に回復する．これに対して，女性コーホートは次の図 1-4 のような経過を辿る．

　一度流出した女性人口は元通りには回復しない．その結果，憂えるべき事態が生じている．図 1-5 は，結婚適齢期である 20 〜 29 歳人口を対象にして，国勢調査を基に作成した人口性比，つまり男女比である．人口統計では，100 人の女性に対して何人の男性がいるのかを示した数値を「性比」(sex ratio) と定義している．女性 100 人に対して男性の数の方が上回っているならば性比は 100 以上の数値を示し，逆に男性の数の方が下回るなら 100 未満の数値となる．

　1985 年以前，静岡県では女性人口は男性人口を上回っていた．しかし，1990 年になると女性の数は男性の数を下回り，その傾向は年々強まっ

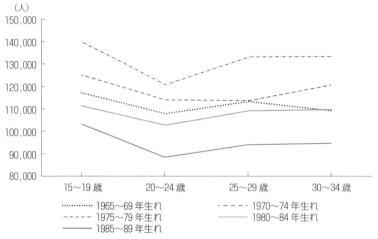

図 1-4 静岡県の女性コーホートの推移
(出所) 総務省統計局『国勢調査』より筆者作成.

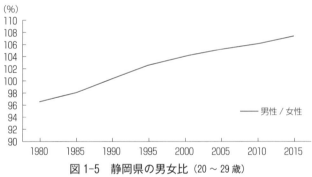

図 1-5 静岡県の男女比 (20〜29歳)
(出所) 総務省統計局『国勢調査』より筆者作成.

ている．静岡県では婚姻件数が減少傾向にあるが，男女比の不均衡がその背景となっている可能性がある[2]．実際，図 1-5 の男女比と婚姻率（人口 1000 対）との間には，マイナス 0.7045 という高い負の相関係数がある．男性の数に対して女性の数が少ない環境では婚姻率が低くなるのである．
　なぜ，若い女性が静岡県から流出するのだろうか．その解明が本書の

注

1) 推計方法に関しては，山下・石橋・伊東ほか［2014］等を参照して欲しい．
2) 人口密集地での婚姻率は低くなる傾向が観測される．経済学的に考えれば，恋人もしくは交際相手と別れることの機会費用は，次の候補者が多いほどに小さくなることから説明できる．

参考文献

Blair, J. P. and Carroll, M. C.［2009］*Local Economic Development: Analysis, Practices, and Globalization*, 2nd ed., Los Angeles: SAGE Publications.

山下隆之・石橋太郎・伊東暁人・上藤一郎・黄愛珍・鈴木拓也［2014］『はじめよう経済学のための情報処理 第4版』日本評論社.

第2章

人口流出と政策的対応

1 全国の人口移動の状況

(1) 東京圏への一極集中

　第2次世界大戦後の日本の人口は，地方圏から大都市圏への移動であるといえる．図2-1のとおり，終戦直後の1945年には地方圏（3大都市圏以外）人口割合は約70％に達していたのに対し，東京圏では13％に過ぎなかった．ところが，地方圏人口割合は，1970年代初めにかけて急速に減少する一方，東京圏を中心とした3大都市圏の人口割合は急速に拡大した．その後，地方圏人口割合の減少はやや緩やかになるが，2004

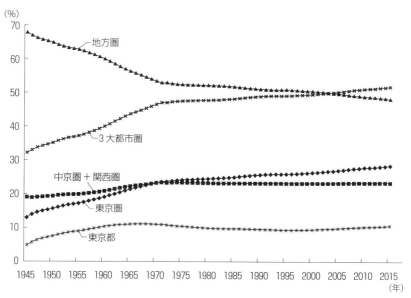

図 2-1　3大都市圏と地方圏の人口割合
(注) 3大都市圏とは，東京圏（埼玉県，千葉県，東京都，神奈川県），中京圏（岐阜県，愛知県，三重県），関西圏（京都府，大阪府，兵庫県，奈良県）
(出所) 総務省「人口推計」を基に筆者作成．

年には3大都市圏との人口割合が逆転し，現在まで一貫して減少が続いている．

この地方圏の人口流出，つまり人口の社会減は，それを上回る自然増があったことから，必ずしも大きな問題として捉えられていなかった．

一方，社会増であった3大都市圏においては，東京圏の一極集中が進んでおり，1971年には中京圏と関西圏の合計割合を抜き，その後も増加し続けている．中京圏と関西圏の人口割合は1970年代以降，約23%で推移している．

この人口の大都市圏，特に東京圏への集中が進み続けた戦後日本の開発政策を支えたのは，皮肉にも一貫して全国の均衡ある発展を目標にした「全国総合開発計画」であった．

(2) 全国総合開発計画の歩み

全国総合開発計画（以下，「全総」という．）は，1960年代から約10年ごとに，5次にわたり策定された（**表2-1**参照）．

全総に先立って，1960年に閣議決定された所得倍増計画（太平洋ベルト地帯構想）は，経済効率の観点から，4大工業地帯を重視する考え方をとったため，それ以外の地域からの強い反発を招いた．そこで，一全総では，地域間の均衡ある発展を目標に，大都市圏と連携する形で，新産業都市（15ヵ所）と工業整備特別地域（6ヵ所）に代表される「拠点開発」を進めることで，工業の分散を図った．

さらに，二全総では，一全総の拠点開発方式の内容を充実させ，新幹線や高速道路などの全国的なネットワークを整備，関連させながら，各地域の特性を生かした「大規模開発プロジェクト」を実施することで，その地域が飛躍的に発展し，全国の利用が均衡のとれたものとなるとした．このプロジェクトには「苫小牧東部開発計画」「むつ小川原開発計

表 2-1 全国総合開発計画の比較

計画	全国総合開発計画（一全総）	新全国総合開発計画（二全総）	第三次全国総合開発計画（三全総）	第四次全国総合開発計画（四全総）	21世紀の国土のグランドデザイン（五全総）
閣議決定	1962	1969	1977	1987	1998
内閣	池田	佐藤	福田	中曽根	橋本
背景	所得倍増計画（太平洋ベルト地帯構想）	高度成長経済，人口，産業の大都市集中	安定成長経済	人口，諸機能の東京一極集中	地球時代，人口減少・高齢化時代
基本目標	地域間の均衡ある発展	豊かな環境の創造	人間居住の総合的環境の整備	多極分散型国土の構築	多軸型国土構造形成の基礎づくり
開発方式	拠点開発構想	大規模プロジェクト構想	定住構想	交流ネットワーク構想	参加と連携
東京圏人口割合	20.0%	22.9%	24.3%	25.3%	拡大 26.1%
中京圏＋関西圏の人口割合	21.5%	23.1%	23.3%	拡大→均衡 23.2%	23.2%
県民所得の変動係数※	縮小 0.20181	0.17304	0.12534	0.13990	0.12113

（注）各県の1人当たり県民所得の標準偏差を全国値で除したもの.
（出所）国土交通省 HP を基に作成.

画」などがあったが，その後のオイルショックの影響もあり，成功といえる結果とはなっていない.

　二度にわたるオイルショックと高度経済成長が終焉を迎えた後に策定された三全総は，産業開発路線からの転換を見せており，「人間居住の総合的環境の形成を図るという方式（定住構想）を選択する」という定住圏構想を打ち出して，静岡県内の掛川市など旧1市7町からなる「東遠定住圏」をはじめとする全国44地域がモデル定住圏として指定された.

　また，「高度技術工業集積地域開発促進法」(1983年) では，先端技術

産業の地方分散を目指して全国 26 地域がいわゆるテクノポリスの指定を受けたが，多くの地域では既存産業の集積が十分でなかったことから，結果として従来型の企業誘致に力点が置かれることになり，大きな成果を上げることはなかった．

　四全総は，いわゆるバブル経済の発生と東京圏一極集中の進展を背景に，東京圏への過度の機能集中を避けるために「地域主導による地域づくりを推進する」とし，国内全体での機能分担を図る多極分散型国土の構築を打ち出した．そのため，「交通，情報・通信体系の整備」だけでなく，「交流の機会づくり」というソフト面も重要であるとし，交流ネットワーク構想を示すとともに，1987 年には「総合保養地域整備法」を制定した．通称リゾート法と呼ばれるこの法律では，開発の許可の弾力的な運用や税制上の支援を受けられることから，民間事業者と組んだ地方自治体は，スキー場やゴルフ場に代表されるリゾート開発を進めるため，国に地域指定を申請した．42 地域（国土面積の約 20 ％）の申請が認められたが，その後のバブル崩壊による地価，ゴルフ会員権の下落や金融機関の貸出収縮により，開発を担った第三セクターの経営破綻などが起こったことから，世論からの厳しい批判にさらされた（現在までに 12 地域で廃止）．

　1998 年に閣議決定された五全総は，全国総合開発計画ではなく，「21世紀の国土のグランドデザイン」という名称に変更された．さらに，小泉内閣時代の 2005 年には，量的拡大を図る「開発」を基調から，国土の質的向上への転換，地方公共団体からの計画提案制度など地域の自律性の尊重及び国と地方公共団体のパートナーシップの実現を図るため，全総の根拠であった国土総合開発法が改正され，全総は法的にもその役割を終えた．

(3) 県民所得等から見た全総の成果

全総の成果を県民所得面と人口移動面から見てみる．図2-2は，1955年を1とした場合の1人当たり県民所得と比較したものである．静岡県の県民所得伸び率は41.6，地方圏は39.1となっており，中京圏の38.7，東京圏の34.0，関西圏の29.1よりも高くなっており，地域間の所得格差の縮小には一定の効果があったといえる．

また，各都道府県の1人当たり県民所得のばらつきを変動係数で見ると，1961年には0.241と最も高くなっており，一全総期間は比較的高いままであったが，二全総期間では急速に低下し，1978年には0.133となった．その後，変動係数はいわゆるバブル期に0.170と一時的に高くなるが，2000年には戦後最も低下する．しかし，2001年の小泉政権の誕生に伴う構造改革により，地方の公共事業が急速に減少したことなどで，2005年には0.175と，再び所得格差が大きくなった．

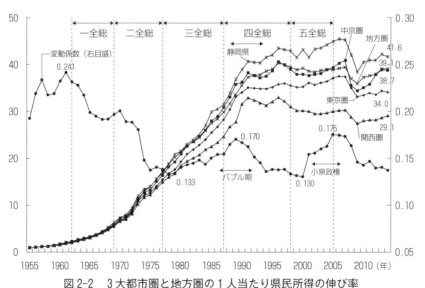

図2-2　3大都市圏と地方圏の1人当たり県民所得の伸び率
（出所）総務省「人口推計」及び内閣府「県民経済計算」から筆者作成．

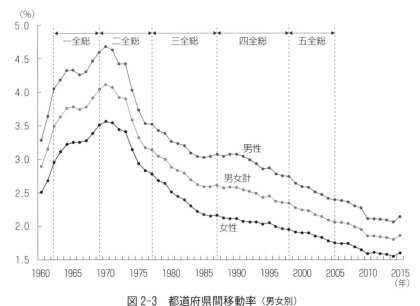

図 2-3 都道府県間移動率（男女別）
（出所）総務省「住民基本台帳人口移動報告」．

　都道府県間の人口移動率をみると，図 2-3 のとおり，所得格差の大きかった一全総期間は移動率が高かったが，二全総期間は所得格差の低下とともに，急速に移動率が低下した．その後も，移動の少ない高齢者の増加という要因もあり，現在まで人口移動率は低下傾向にある．一方で，図 2-1 に示したとおり，東京圏一極集中は継続しており，その意味では人口格差が是正されなかったといえる．

2　まち・ひと・しごと創生長期ビジョンの策定

(1) 人口減少の予測

　日本の総人口が減少局面を迎えることは，合計特殊出生率が急速に減少し始めた 1970 年代半ばから指摘されていた．厚生省社会問題研究所

（現国立社会保障・人口問題研究所）が1981年11月に示した将来人口推計（中位推計）では，日本の総人口は2010年に約1億3000万人となった後，減少するとしており，実際には2008年の約1億2800万人がピークであることから，正確に予測されていたことが分かる．

(2) 人口減少局面における地域創生

　このように，約40年前から指摘されていた人口減少であったが，平均寿命の延伸による死亡数の抑制や，第1次及び第2次ベビーブーム世代が親となったことにより出生数が大きく低下しなかったことから，重大な問題として認識されてこなかった．

　人口減少局面が実際に到来した後の2014年12月，政府は，日本の人口の現状と将来の姿を示し，人口減少をめぐる問題に関する国民の認識の共有を目指すとともに，今後，目指すべき将来の方向を提示すること

表2-2　ビジョンにおける人口問題に対する基本的な認識

項　目	内　容	取組の基本的視点
人口減少時代の到来	・2008年に始まった人口減少は，今後加速度的に進む． ・人口減少の状況は，地域によって大きく異なっている． ・人口減少は地方から始まり，都市部へ広がっていく．	・「東京一極集中」を是正する ・若い世代の就労・結婚・子育ての希望を実現する ・地域の特性に即した地域課題を解決する
「人口減少」が経済社会に与える影響	・人口減少は，経済社会に対して大きな重荷となる． ・地方では，地域経済社会の維持が重大な局面を迎える．	
東京圏への人口の集中	・東京圏には過度に人口が集中している． ・今後も東京圏への人口流入が続く可能性が高い． ・東京圏への人口の集中が，日本全体の人口減少に結び付いている．	

（出所）内閣府「まち・ひと・しごと創生長期ビジョン」（下線は筆者）．

を目的として，まち・ひと・しごと創生長期ビジョン（以下，本章において「ビジョン」という．）を閣議決定した．

このビジョンでは，人口減少が地方から都市部へ広がっていくことから，経済社会にとって大きな重荷になることを指摘している．さらに，東京圏には過度に人口が集中しており，それが日本全体の人口減少に結び付いていることを指摘し，取組の基本的視点として「東京一極集中」の是正を示している（表2-2参照）．

3 静岡県の人口移動の状況

(1) 人口増減の推移

国勢調査によると，図2-4のとおり，静岡県の総人口は第1次ベビーブーム直後の1950～55年には自然増により大きく増加した．1955～

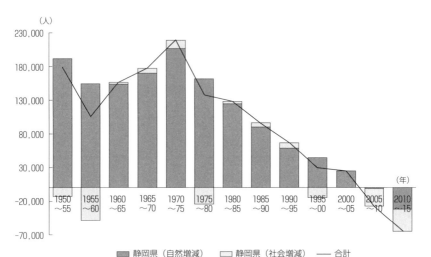

図2-4 静岡県の人口増減

（出典）総務省「国勢調査」．

60 年には約 4 万 8000 人の社会減（転出超過）があり，総人口の増加数は
いったん落ち着くが，その後 1970 〜 75 年まで人口増加数は着実に伸び
ていった．

　1975 年以降，出生数の減少により自然増加者数が低下し始め，2005
〜 10 年にはついに自然減となり，2010 〜 15 年にはその減少幅が拡大
している．

　一方，社会増減については，1950 〜 60 年及び 1975 〜 80 年に一時的
に社会減となったが，その後社会増に転じた．ところが，1995 年以降，
現在まで一貫して社会減となっており，特に直近 2 回の調査では，大き
な減少幅となっている．

(2) 社会減の推移

　住民基本台帳人口移動報告により年別男女別に社会増減（転入超過数）
の状況を見ると，**図 2-5** のとおり，1962 年から 73 年までは，66 年を除
き転入超過（社会増）となっており，男女別内訳では，男性の社会増が女
性より多かった．東駿河湾地区の工業整備特別地域への指定，東名高速
道路や東海道新幹線の建設など静岡県内の大型建設工事が集中した時期
と重なっていることから，全国の有効求人倍率を静岡県のそれで除した
比率（以下「有効求人倍率比」という．）が 2 倍を超えて，1967 年には最大の
2.43 倍となっており，建設作業員など男性の転入が多かったと考えられ
る．

　1973 年に起こった第 1 次石油ショックの影響で，1974 年には戦後初
めて全国の経済成長がマイナスとなり，製造業中心の産業構造である静
岡県には，より大きなショックを与えた．有効求人倍率比は 1974 年
2.16 倍から 1.57 倍まで低下し，静岡県の求人面での優位性が低下した
ことから，県内の人口は 1974 年から 84 年までは社会減となった（なお，

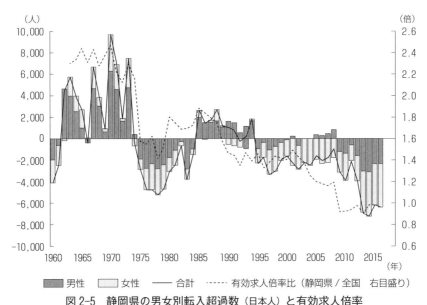

図 2-5　静岡県の男女別転入超過数（日本人）と有効求人倍率
（出所）総務省「住民基本台帳人口移動報告」及び静岡労働局 HP を基に筆者作成．

男女に大きな違いはない）．

　その後，いわゆるバブル景気が始まった 1980 年代後半以降，県内人口は 1985 年から 94 年まで 92 年を除き再び社会増となっている．これは，男性の社会増が要因となっているが，一方で女性については，主な就労先であるサービス業が静岡県内に少ないことから，1990 年以降，既に社会減となっており，1994 年を除き現在まで一貫した傾向となっている．

　1990 年代中頃のバブル崩壊に伴い，一転して男性も社会減となったことから，県人口は全体として社会減となった．その後，2005 年から 08 年にかけて，男性は一時的に社会増となったが，女性の社会減が大きく，全体としては，社会減が継続している．また，製造業の海外進出などの進展により，有効求人倍率比は 1985 年をピークに低下傾向にあり，求人面での優位性が失われている．

2008年のリーマンショックは，製造業中心の静岡県に更に大きな影響を与えた．低下傾向であった有効求人倍率比は，2008年の1.2倍から2009年の0.9倍まで急激に低下し，1倍を割り込んだことで求人面での優位性が完全に失われ，静岡県の社会減は製造業の担い手である男性を中心に拡大にした．その後も有効求人倍率比は大きく持ち直すことはなく，横ばいで推移している．

図2-6は有効求人倍率と社会増減を散布図に展開したものである．1960年代から1970年代前半までは右上の高い有効求人倍率比と社会増の状況であったが，左下下がりのトレンドを描いており，現在は左下の低い有効求人倍率比と社会減の状況となっていることが分かる．相関係数を見ると0.7758となっており，両者には一定の相関があるといえる．

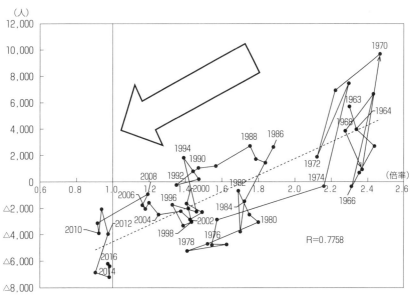

図2-6　静岡県社会移動と静岡県の有効求人倍率の関係
（出所）図2-5と同じ．．

(3) 社会減の現状

2017 年の静岡県人口の転入超過者数を見ると，**表 2-3** のとおり，10 代後半から 20 代前半の寄与率が高くなっている．この年代の主な移動理由である大学進学及び就職について見ると，**図 2-7** のとおり，静岡県内の高校を卒業した大学進学者 1 万 6838 人のうち県内大学に進学する者は 29 ％（4817 人）しかなく，県外大学に 71 ％（1 万 2021 人）が進学している．これは，**図 2-8** のとおり，大学進学者収容力（各都道府県の大学定員を進学者数で除したもの）が 46 ％しかなく，進学希望者に対して，大学定員が不足していることが一因となっている．この結果，静岡県の大学進学時の転出超過は，**図 2-8** のとおり，全国最大の 9166 人となっている．

この大学進学者収容力の低さは，多くの道県に共通している．大学進学者収容力が 100 ％を超えている，つまり大学進学希望者以上の大学定員を有しているのは，宮城県，東京都，神奈川県，石川県，愛知県，京都府，大阪府，岡山県及び福岡県の 8 都府県のみとなっており，この 8 県の大学進学者数は転入超過となっている．これらの都府県以外で大学進学者が転入超過となっているのは，滋賀県，鳥取県及び沖縄県のみであり，大学定員が 10 歳代後半の人口移動に与える影響が極めて大きいことが分かる．

さらに，静岡県が 2017 年に実施した「若年層の県外転出者に対する

表 2-3　2017 年の静岡県の転入超過数

(単位：人、%)

	0〜14歳	15〜19歳	20〜24歳	25〜29歳	30〜34歳	35〜39歳	40〜59歳	60歳以上	合　計
人　数	▲ 141	▲ 1,847	▲ 2,577	▲ 618	▲ 348	▲ 103	▲ 333	725	▲ 5,242
寄与率	2.7	35.2	49.2	11.8	6.6	2.0	6.4	▲ 13.8	100

(出所) 総務省「住民基本台帳人口移動報告」．

第2章 人口流出と政策的対応　25

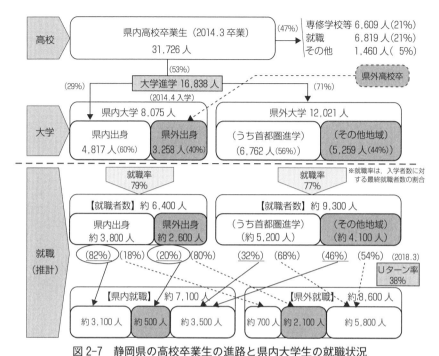

図 2-7　静岡県の高校卒業生の進路と県内大学生の就職状況
（出所）文部科学省「学校基本調査」（2018年度）及び静岡県，静岡県学生就職連絡協議会の資料などをもとに，しずおか産学就職連絡会にて作成．

意識調査[1]」においても，「出身地から転出した理由」（複数回答）について，大学進学とした者が，全国では 29.0 % であるのに対して，静岡県は 54.1 % とかなり高くなっている．同じ質問で，就職とした者は，全国 29.6 % に対し，静岡県 27.2 % と低くなっていることから，静岡県では大学進学時の流出要因が特に大きいことが分かる．

　次に，大学卒業時，つまり就職時の県外への流出状況を見てみる．図 2-7 の大学卒業後の就職地を見ると，県内高校出身者のうち，県内大学に進学した者の 82 % が県内に就職したのに対し，首都圏に進学した者の 32 %，その他地域に進学した者の 46 % しか県内に戻って就職してい

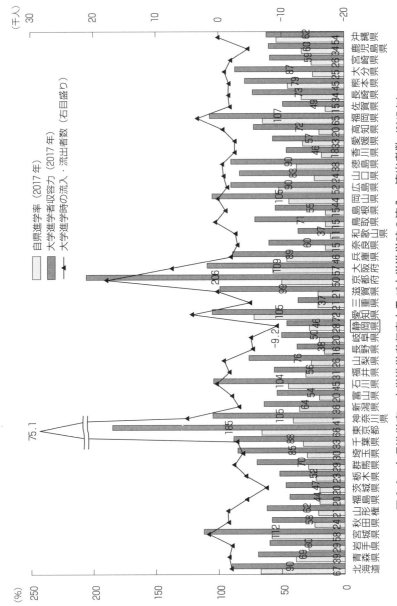

図 2-8 自県進学率、大学進学者収容力及び大学進学時の流入・流出者数（2017年）

(注) 大学進学者収容力＝各都道府県の大学定員／各都道府県の大学進学者数×100
(出所) 文部科学省「高等教育の将来構想に関する参考資料」．

ない（Uターン率38％）.

　また，県外出身で県内の大学を卒業した者の県内就職率は20％に過ぎず，大学卒業生が魅力を感じる就職先の確保が重要であるといえよう.

注
　1）首都圏に居住する18〜39歳男女個人（1万9555人うち静岡県出身者316人）を対象にwebで調査.

参考文献
国土交通省［2018］『全国総合開発計画（概要）の比較』（http://www.mlit.go.jp/common/001116820.pdf, 2018年12月7日閲覧）.
中山徹［2016］『人口減少と地域の再編』自治体研究社.
本間義人［1992］『国土計画の思想』日本経済評論社.

第3章

静岡県の婚姻と人口流出

静岡県は，県内の市町別合計特殊出生率の分析を行い，2016年に報告書『ふじのくに少子化突破戦略の羅針盤』（以下，羅針盤）を発表した．この羅針盤を踏まえて，静岡県の少子化の背後にある原因を探りたい．

1 静岡県における婚姻に関する研究[1]　

「羅針盤」の中で注目されるのは，市町別の合計特殊出生率の要因分析において，地域差の大部分が「結婚要因」で説明できるとする分析結果であった．静岡県の婚姻件数は減少傾向にあり，その原因の解明が急務であると考えられる．

少子化の進行は合計特殊出生率で議論されることが多い．女性の年齢別にその年に産んだ子どもの数を女性人口で割った値を年齢別出生率といい，15～49歳に亘って年齢別出生率を足し合わせたものが合計特殊出生率である．分母となる女性人口には未婚者が含まれているため，結

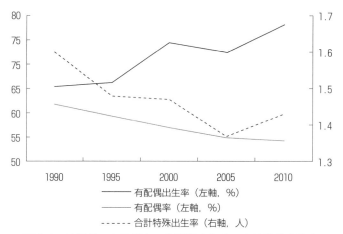

図3-1　静岡県の有配偶率・有配偶出生率，合計特殊出生率
（出所）『大学生が創る未来への羅針盤事業』報告書，p.2.

婚した夫婦が生む子どもの数を知るには有配偶出生率[2]をみる必要がある.

図 3-1 はこれらの指標を示している. 静岡県の有配偶出生率は回復基調にある. しかし, 15 ～ 49 歳の女性の有配偶率が低下している. これは, 合計特殊出生率の低下は未婚女性の増加に起因していることを意味する. 少子化の主因は, 結婚した夫婦が生む子どもの数の減少ではない. 結婚した夫婦が生む子どもの数は増えているが, 結婚そのものが減っていることが静岡県の少子化の主因だと言えるのである. 結婚や妊娠, 出産は個人の自由ではあるが, 1 つの可能性として考えられるのである.

(1) 結婚を決めるメカニズム

結婚は愛情によって夫婦関係が結ばれるのが理想であるが, 他の要因を考慮して結婚する人も多いであろう. 家事サービスの分業やリスクシェアなどを挙げることができるが, 男女間で重視する点は異なる. 男性はパートナーに知性や教育を求める傾向が強く, 女性は収入を求める傾向が強いとする研究がある. 経済学では, 収入を重要な指標と考える研究が多い.

女性の結婚行動を収入面から分析する手法として, ベッカーモデル [Becker 1973; 1974] と乗り換えモデル [小川 2003] がある. 前者は, 女性が 1 人暮らしと仮定し, 女性の結婚が男女の賃金比に影響されると考える. 後者は, 女性が親と同居と仮定し, 女性の結婚が父親と夫候補の賃金比に影響されると考える. 静岡県における婚姻数減少の理由を探りたいことから, 静岡県における女性の結婚が先のモデルにより説明できるのか確認するため, 重回帰分析を行った. 回帰式は次のようになる.

$$Y = \alpha + \beta X_1 + \gamma X_2 + dummy \qquad (3\text{-}1)$$

Y：初婚率, α：定数, β：ベッカーモデルの係数, X_1：男女の賃金比,

γ：乗り換えモデルの係数，X_2：男性の年齢層別賃金比

　1995 年から 2015 年の静岡県における男女年齢階層別賃金[3]，年齢階層別女性の人口及び初婚件数のデータを用いた．被説明変数 Y は静岡県の 20 代前半，20 代後半，30 代前半と 3 つの世代に区分した女性の初婚率である[4]．α は定数項，説明変数 X_1 はベッカーモデルが示す男女の賃金比（女性の賃金）/（男性の賃金）であり，説明変数 X_2 は乗り換えモデルが示す賃金比（父親の賃金）/（夫候補の賃金）である．

　この分析において X_1，X_2 が 1 を超える場合，初婚率に大きなマイナスの影響が出ると考えられる．前者は女性の賃金が男性の賃金よりも高いため，結婚は魅力的ではないかもしれない．後者は父親の賃金が夫候補の賃金よりも高いため女性は結婚をためらうかもしれない．回帰分析から，女性の結婚行動には年齢階層別の違いが見られた（表 3-1）．

　女性の 20 代前半，30 代前半ではベッカーモデルが当てはまり（○），20 代後半では乗り換えモデルが当てはまった（◎）．20 代前半の女性は 10 歳以上年上の男性と結婚し，30 代前半の女性は同世代の男性と結婚する傾向がある．この組み合わせの世帯年収を賃金構造基本統計調査から推計すると 655 万円（20 代前半）から 700 万円（30 代前半）となる．女性は結婚を決意するにあたり，ある程度の理想とする世帯年収を考慮していると考えられる．ベッカーモデルでは婚姻のパターンに二極化が生

表 3-1　静岡県における婚姻のパターン

	男性：20 〜 24 歳	男性：25 〜 29 歳	男性：30 〜 34 歳
女性：20 〜 24 歳			○
女性：25 〜 29 歳		◎	
女性：30 〜 34 歳			○

じており，女性が理想とする世帯年収に近づくためには，年上の男性と結婚するか，あるいは仕事を優先させ 30 代前半になって結婚する晩婚化のいずれかを選択している結果となっている．

これに対し，20 代後半の女性は同世代の男性と結婚している．しかし，この組み合わせは世帯年収が理想とする額より低い（611 万円）．このことから考えられるのは，父親から何らかの形で経済的支援を受け不足部分を補っているために，理想とする世帯年収に届かなくても結婚しているものと推測される．

(2) 女性の県外流出

婚姻数を増加させるためには，人口数も検討する必要がある．近年，静岡県では，20 代女性の県外流出が深刻となっている．人口移動の要因としては，進学と就職などが考えられるが，女性は県外への進学後にそのまま県外で就職をしてしまう傾向にあり，それが女性人口の減少として表れているようである．結婚適齢期人口の男女比がアンバランスであれば，そもそもパートナーに巡り合うことが困難である．県外流出の原因を探るため，2010 年の「国勢調査」における女性就業者に関してシフト・シェア分析を行った．結果は，静岡県では産業構造要因がマイナス，地域特殊要因がプラスとなった．マイナスである産業構造要因を産業別に分解すると，飲食・宿泊業はプラス，サービス業，卸売・小売業，製造業，医療・福祉業はマイナスとなった．

2 人口性比からみる女性の流出

(1) 静岡県における若年女性の流出

前節では，静岡県において，20 代女性の県外流出が深刻であることを

第 3 章　静岡県の婚姻と人口流出　　*35*

述べた．その様子を詳しくみてみよう．

　表 3-2 の上段には，静岡県の男女別コーホートの変化を示しており，下段には女性人口から男性人口を引いた人口差を示している．コーホートとは，同世代の人々の集団のことであり，同一世代を集団で追跡することが可能となり，同一世代の変化を分析することができる．ここでは，2000 年時点における 15 〜 19 歳の人口に焦点を当て，5 年ごとの変化を確かめる．

　上段から，2000 年（15 〜 19 歳）では，男性のほうが若干多いことがわかる（男性：10 万 7399 人，女性：10 万 2861 人）．2005 年（20 〜 24 歳）には，県外への大学進学などから男女ともに人口が減少している（男性：9 万 980 人，女性：8 万 8431 人）．死亡や転出で人口に変化があったとしても，進学を機に転出した人口が再び県内に戻るとすれば，男女の人口比はほとんど変わらないはずである．しかし，2010 年（25 〜 29 歳）には，男性

表 3-2　静岡県の男女別コーホートの変化

人　口	2000 年国勢調査		2005 年国勢調査		2010 年国勢調査		2015 年国勢調査	
	男	女	男	女	男	女	男	女
10 〜 14 歳	103,659	98,885	92,949	87,986	90,386	85,693	86,411	81,282
15 〜 19 歳	107,399	102,861	94,824	90,457	85,308	80,837	84,811	79,862
20 〜 24 歳	104,630	102,762	90,980	88,431	79,212	77,178	72,077	68,944
25 〜 29 歳	140,775	133,227	116,823	109,109	102,426	93,923	89,667	81,691
30 〜 34 歳	128,353	120,570	142,568	133,449	118,205	109,767	102,380	94,676

男女差	男	女	男	女	男	女	男	女
10 〜 14 歳								
15 〜 19 歳		−4,538						
20 〜 24 歳				−2,549				
25 〜 29 歳						−8,503		
30 〜 34 歳								−7,704

（出所）『大学生が創る未来への羅針盤事業』報告書，p. 18．

人口が進学前の 2000 年（15 ～ 19 歳）の水準に戻っている一方で，女性人口は元の水準には戻っていない（男性：10 万 2426 人，女性：9 万 3923 人）．その後の 2015 年（30 ～ 34 歳）では男女の人口に大きな変化は見られない（男性：10 万 2380 人，女性：9 万 4676 人）．

　下段からは，2000 年（15 ～ 19 歳）の男女差がマイナス 4538 人，2005 年（20 ～ 24 歳）にマイナス 2549 人，2010 年（25 ～ 29 歳）ではマイナス 8503 人，2015 年（30 ～ 34 歳）はマイナス 7704 人である．2010 年以降，男女の人口差が拡大していることが読み取れる．

　以上のことから，20 ～ 24 歳の年齢階級では，大学進学などによる県外への転出により男女共に人口が減少するが，25 ～ 29 歳では，男性は県内に戻るが，女性が県外に残ったままであるため男女人口に不釣り合いが生じていることが読み取れる．30 ～ 34 歳では人口に大きな変化はなく，女性が県内に戻らない傾向が読み取れることから，20 ～ 29 歳での女性の流出を改善する必要がある．

⑵　**全国における若年女性の流出**

　前項では，静岡県において 20 ～ 29 歳の女性の流出が問題であり，男性に比べて女性が少ないことが問題であると述べたが，全国ではどうなのだろうか．

　男女の人口比については，人口性比（以下，性比）という指標がある．この指標は，女性 100 人に対する男性の数を示しており，100 より高いと男性に比べて女性が少ない，100 より低いと男性に比べて女性が多い，ということになる．

　1）全国における 5 歳階級別の人口性比

　表 3-3 は，1995 年，2005 年，2015 年の 5 歳階級別の性比を 47 都道府

県について示している．共通点は，1995 年から 2015 年までの 20 年間で，埼玉県，千葉県，東京都，神奈川県といった東京圏や京都府，大阪府において，性比が低下し，女性の占める割合が高くなっている点である．一方で，いずれの 5 歳階級においても東京圏や京都府，大阪府を除いた地域では，性比が上昇し女性の占める割合が低下している傾向が読み取れる [5)]．

2）5 歳階級別人口性比の平均変化率

大都市では性比が低下し，その他の地域では性比が上昇する傾向が読み取れたが，性比の変化は，世代間や地域間で何か特徴があるのだろうか．そこで，性比の各時点間における変化率から相乗平均を用いて平均変化率（1995 ～ 2015 年）を求め [6)]，世代間，都道府県間の変化をみてみよう（**表 3-4**）．求め方は次のようになる．

都道府県 i における性比を r_i とすると，性比変化率 v_i（1995 ～ 2005 年）は

$$v_i = \frac{r_i^t}{r_i^o}$$

と示される．右上の添え字 0，t はそれぞれ基準時点，比較時点を示すものとする．性比変化率 $v_i{}'$（2005 ～ 2015 年）についても同様に求めるものとする．このとき，都道府県 i における性比平均変化率 G_i（1995 ～ 2015 年）は，

$$G_i = \sqrt{v_i\, v_i{}'}$$

と示される．

表 3-4 によると，$G_i < 1.0$ の都道府県（女性の占める割合が上昇する傾向

表 3-3　5 歳階級別人口性比推移

	15-19 歳			20-24 歳			25-29 歳			30-34 歳		
	1995	2005	2015	1995	2005	2015	1995	2005	2015	1995	2005	2015
北海道	104.6	106.7	106.3	100.0	102.2	101.4	92.2	97.7	98.8	92.8	97.2	97.3
青森県	103.8	104.1	104.7	101.5	102.5	105.6	94.9	101.5	103.4	95.3	99.4	101.0
岩手県	104.8	103.8	107.7	103.5	100.5	104.4	98.2	102.9	106.2	101.1	103.6	103.3
宮城県	108.7	107.1	107.4	107.0	103.1	106.9	101.1	101.2	103.5	100.3	101.6	99.7
秋田県	108.4	105.9	105.2	101.7	104.3	108.0	96.2	104.4	103.4	96.5	100.8	103.5
山形県	105.8	104.1	105.8	103.6	105.5	106.9	99.9	106.3	104.2	100.2	101.5	103.6
福島県	104.0	104.9	108.5	102.4	104.5	113.4	100.3	105.0	110.4	102.8	103.9	108.6
茨城県	104.8	106.4	107.8	104.6	105.0	111.8	109.5	109.2	114.4	106.9	108.8	108.7
栃木県	105.4	105.2	105.2	106.6	107.0	107.4	106.6	110.3	113.1	106.5	109.9	111.7
群馬県	105.1	105.6	105.2	102.5	104.3	109.4	105.5	106.2	112.2	104.8	105.8	107.3
埼玉県	106.1	106.8	105.8	107.5	109.1	106.9	108.9	107.8	105.6	109.4	108.4	104.9
千葉県	108.3	106.9	107.1	111.1	110.4	108.5	111.2	107.0	105.1	109.9	106.5	104.6
東京都	105.2	105.1	104.2	111.0	109.6	103.4	111.8	107.5	102.0	112.4	104.5	104.3
神奈川県	108.3	109.4	107.3	116.2	114.6	110.0	119.1	111.1	108.8	116.7	108.1	106.2
新潟県	106.3	104.6	105.0	102.4	104.7	105.9	102.2	105.1	105.7	102.2	103.4	105.0
富山県	106.0	106.5	107.2	100.1	106.9	109.1	100.0	105.9	109.0	98.9	105.5	106.8
石川県	107.5	110.8	109.6	106.4	113.6	112.9	97.4	102.9	105.8	97.0	101.4	102.3
福井県	108.9	106.5	107.1	105.6	99.9	109.9	98.4	102.2	105.6	99.3	103.5	101.4
山梨県	106.4	105.3	108.1	109.5	106.6	105.9	104.6	104.6	107.4	105.0	106.6	104.8
長野県	105.2	104.5	108.1	101.2	103.1	105.7	104.2	104.2	106.3	103.3	105.7	103.9
岐阜県	101.9	104.6	103.9	92.7	96.1	98.7	96.2	99.6	103.5	97.0	101.2	102.3
静岡県	104.4	105.0	106.2	99.2	103.2	105.3	105.1	107.0	109.9	104.8	106.4	107.1
愛知県	105.4	107.4	106.6	105.7	109.9	108.6	108.8	109.4	112.2	107.5	107.6	109.7
三重県	105.4	106.9	105.1	97.1	98.6	102.4	99.6	103.0	106.1	98.7	103.2	105.4
滋賀県	103.7	108.2	106.9	103.5	111.7	110.7	103.1	103.6	108.5	99.4	104.2	104.0
京都府	104.9	105.6	104.2	109.7	104.7	103.5	99.0	98.6	98.4	97.8	97.9	95.4
大阪府	104.2	103.9	103.9	102.6	101.4	100.0	100.4	96.6	96.4	101.1	97.5	96.8
兵庫県	99.7	102.4	102.6	93.8	94.5	96.4	96.7	93.8	98.2	96.0	95.8	95.9
奈良県	100.9	102.4	102.7	92.3	94.0	94.9	91.1	92.3	93.1	93.6	93.7	93.0
和歌山県	105.9	106.2	103.6	94.3	95.1	101.1	89.3	95.0	99.8	89.6	95.2	96.0
鳥取県	108.8	108.8	111.6	104.7	109.8	107.4	96.8	102.5	102.4	95.9	101.8	100.9
島根県	110.7	109.4	111.2	96.6	100.3	105.6	96.7	102.9	104.4	96.1	101.6	103.4
岡山県	102.2	101.5	103.5	95.3	97.6	98.1	94.5	99.7	98.8	97.2	99.1	98.8

広島県	105.6	106.7	106.1	98.8	102.8	104.5	96.9	100.1	104.9	98.5	99.7	102.9
山口県	105.5	107.0	107.2	99.2	101.4	109.1	89.0	98.0	105.8	93.5	100.0	100.5
徳島県	100.1	103.9	102.3	86.8	97.0	102.1	91.2	99.7	101.3	92.4	94.6	100.4
香川県	105.0	106.7	109.7	95.3	99.7	104.5	95.4	98.6	103.6	96.7	100.1	100.8
愛媛県	103.8	103.7	106.6	91.7	94.6	101.8	89.8	96.1	98.4	92.4	97.3	98.3
高知県	105.5	104.9	108.1	94.0	100.5	106.5	90.2	99.9	98.0	94.2	97.3	98.0
福岡県	105.8	104.7	104.1	103.7	101.8	98.6	90.9	94.5	93.0	92.8	95.4	94.2
佐賀県	103.3	102.0	104.5	91.7	94.3	97.4	89.1	96.4	95.2	93.0	96.6	96.4
長崎県	99.6	102.0	104.2	89.6	92.6	97.0	87.9	94.4	98.2	91.3	93.0	96.5
熊本県	108.3	106.1	106.5	99.6	99.3	96.2	87.5	95.9	95.6	91.2	95.0	96.6
大分県	107.1	107.0	103.6	96.2	97.5	103.4	89.1	97.9	103.2	90.5	96.7	99.6
宮崎県	105.0	101.6	103.0	95.4	93.6	101.0	86.9	95.2	93.7	90.7	94.0	93.6
鹿児島県	99.7	101.9	101.7	87.6	89.6	89.6	84.2	91.2	89.6	90.2	92.5	91.2
沖縄県	103.6	104.6	105.4	99.9	99.2	103.1	96.0	98.3	98.7	99.3	98.3	96.4

（出所）総務省統計局『国勢調査報告』各年版より筆者作成.

にある地域）の数は，17 都府県（15 〜 19 歳），10 都府県（20 〜 24 歳），6 都府県（25 〜 29 歳），11 都府県（30 〜 34 歳）であり，15 〜 19 歳をピークに 25 〜 29 歳にかけて減少し，30 〜 34 歳で再び増加していることがわかる．25 〜 29 歳では，該当地域が埼玉県，千葉県，東京都，神奈川県と京都府，大阪府であり，大都市に女性が集中し，留まっていることが示唆される．

　また，5 歳階級別では，平均変化率 G_i の全国平均が 25 〜 29 歳において最も高く（1.026 倍），静岡県において男女の人口差が拡大した時期と一致する．これは，25 〜 29 歳において，性比が大きく変化する傾向にあることを意味しており，女性の流出が影響していると考えられる．20 〜 24 歳（1.019 倍）においても比較的高い値を示していることから，静岡県に見られるような 20 〜 29 歳の女性の流出が全国的にも観測できる．

　図 3-2 では，静岡県において問題となっている 20 〜 24 歳，25 〜 29

表 3-4 性比変化率・平均変化率

(単位：倍)

	15-19 歳			20-24 歳			25-29 歳			30-34 歳		
	V_i	$V_i{'}$	G_i	V_i	$V_i{'}$	G_i	V_i	$V_i{'}$	G_i	V_i	$V_i{'}$	G_i
北海道	1.020	0.996	1.008	1.022	0.992	1.007	1.059	1.012	1.035	1.047	1.001	1.024
青森県	1.003	1.006	1.004	1.010	1.030	1.020	1.070	1.019	1.044	1.043	1.016	1.030
岩手県	0.991	1.038	1.014	0.971	1.038	1.004	1.048	1.032	1.040	1.025	0.997	1.011
宮城県	0.985	1.002	0.994	0.963	1.037	0.999	1.000	1.024	1.012	1.013	0.981	0.997
秋田県	0.977	0.993	0.985	1.025	1.036	1.031	1.086	0.990	1.037	1.044	1.027	1.036
山形県	0.984	1.016	1.000	1.018	1.013	1.016	1.064	0.981	1.021	1.014	1.020	1.017
福島県	1.009	1.035	1.022	1.020	1.085	1.052	1.047	1.052	1.049	1.011	1.045	1.028
茨城県	1.016	1.013	1.014	1.004	1.064	1.034	0.997	1.047	1.022	1.018	0.999	1.009
栃木県	0.998	1.000	0.999	1.003	1.004	1.004	1.034	1.026	1.030	1.032	1.016	1.024
群馬県	1.005	0.996	1.001	1.018	1.048	1.033	1.007	1.056	1.031	1.010	1.014	1.012
埼玉県	1.007	0.990	0.999	1.015	0.980	0.997	0.990	0.980	0.985	0.991	0.968	0.979
千葉県	0.987	1.002	0.995	0.994	0.983	0.988	0.962	0.983	0.972	0.969	0.983	0.976
東京都	0.999	0.991	0.995	0.988	0.943	0.965	0.962	0.949	0.955	0.929	0.999	0.963
神奈川県	1.010	0.981	0.995	0.986	0.960	0.973	0.932	0.979	0.955	0.926	0.983	0.954
新潟県	0.985	1.003	0.994	1.022	1.011	1.017	1.029	1.005	1.017	1.011	1.016	1.014
富山県	1.005	1.006	1.006	1.069	1.021	1.044	1.058	1.030	1.044	1.066	1.013	1.039
石川県	1.030	0.989	1.010	1.068	0.994	1.030	1.057	1.028	1.042	1.046	1.009	1.027
福井県	0.978	1.006	0.992	0.945	1.101	1.020	1.040	1.033	1.036	1.042	0.980	1.011
山梨県	0.990	1.026	1.008	0.974	0.994	0.984	1.000	1.026	1.013	1.016	0.983	0.999
長野県	0.993	1.035	1.013	1.019	1.026	1.022	1.007	1.012	1.010	1.023	0.982	1.003
岐阜県	1.027	0.993	1.010	1.037	1.027	1.032	1.035	1.038	1.037	1.043	1.011	1.027
静岡県	1.006	1.012	1.009	1.040	1.020	1.030	1.018	1.027	1.023	1.016	1.006	1.011
愛知県	1.020	0.992	1.006	1.039	0.988	1.014	1.006	1.026	1.016	1.000	1.020	1.010
三重県	1.015	0.983	0.999	1.016	1.038	1.027	1.034	1.031	1.032	1.046	1.021	1.034
滋賀県	1.044	0.987	1.015	1.079	0.991	1.034	1.005	1.047	1.026	1.049	0.998	1.023
京都府	1.006	0.987	0.997	0.955	0.988	0.971	0.996	0.999	0.997	1.001	0.974	0.988
大阪府	0.997	1.000	0.998	0.989	0.985	0.987	0.962	0.998	0.980	0.964	0.993	0.979
兵庫県	1.027	1.002	1.015	1.008	1.021	1.014	0.969	1.047	1.007	0.998	1.000	0.999
奈良県	1.015	1.003	1.009	1.019	1.010	1.014	1.013	1.008	1.011	1.001	0.992	0.997
和歌山県	1.003	0.975	0.989	1.009	1.062	1.035	1.063	1.050	1.057	1.063	1.008	1.035
鳥取県	1.000	1.026	1.013	1.049	0.978	1.013	1.059	0.999	1.028	1.061	0.992	1.026
島根県	0.989	1.016	1.002	1.039	1.052	1.045	1.064	1.015	1.039	1.057	1.018	1.037
岡山県	0.993	1.020	1.006	1.024	1.006	1.014	1.055	0.991	1.023	1.020	0.997	1.008
広島県	1.010	0.994	1.002	1.040	1.017	1.029	1.033	1.048	1.041	1.012	1.032	1.022

山口県	1.014	1.003	1.008	1.022	1.076	1.048	1.101	1.080	1.090	1.069	1.005	1.037
徳島県	1.038	0.985	1.011	1.118	1.053	1.085	1.093	1.016	1.054	1.024	1.062	1.043
香川県	1.016	1.028	1.022	1.046	1.049	1.047	1.034	1.051	1.042	1.035	1.007	1.021
愛媛県	0.999	1.028	1.013	1.032	1.076	1.053	1.070	1.023	1.047	1.052	1.011	1.031
高知県	0.994	1.031	1.012	1.070	1.059	1.064	1.108	0.981	1.042	1.033	1.007	1.020
福岡県	0.989	0.994	0.992	0.982	0.969	0.975	1.040	0.983	1.011	1.028	0.988	1.008
佐賀県	0.988	1.024	1.006	1.028	1.033	1.031	1.082	0.988	1.034	1.039	0.998	1.018
長崎県	1.025	1.021	1.023	1.033	1.048	1.041	1.074	1.040	1.057	1.019	1.037	1.028
熊本県	0.979	1.004	0.991	0.996	0.969	0.983	1.095	0.997	1.045	1.042	1.017	1.029
大分県	0.999	0.969	0.984	1.014	1.061	1.037	1.099	1.053	1.076	1.069	1.030	1.049
宮崎県	0.968	1.013	0.991	0.981	1.080	1.029	1.095	0.984	1.038	1.036	0.995	1.016
鹿児島県	1.023	0.998	1.010	1.023	1.000	1.011	1.082	0.983	1.031	1.026	0.987	1.006
沖縄県	1.009	1.008	1.009	0.993	1.039	1.016	1.023	1.004	1.014	0.990	0.980	0.985
全　国			1.004			1.019			1.026			1.013

（出所）総務省統計局『国勢調査報告』各年版より筆者作成.

歳の性比について，平均変化率を，1.0 を境に塗り分けた．東京圏，京都府，大阪府では性比が低下するが，静岡県を含むその他の地域では性比が上昇していることがわかる．宮城県，山梨県，福岡県，熊本県では $G_i < 1.0$（20〜24歳）のため，例外として白色とした．

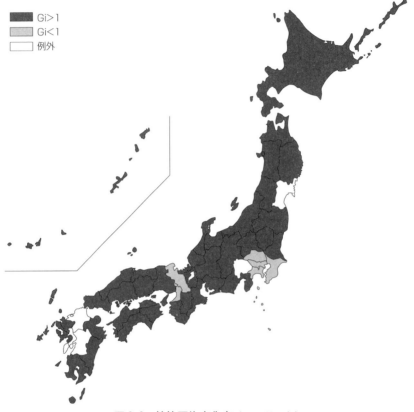

図 3-2 性比平均変化率（1995-2015 年）

(出所) 筆者作成.

注
1) 本節の内容は，筆者が理論経済学研究室の一員として参加した，静岡県委託事業「大学生が創る未来への羅針盤事業」2016 年 9 月 23 日〜 2017 年 3 月 21 日）での研究成果を要約したものである．
2) 15 〜 49 歳の有配偶の女性人口を用いて算出した有配偶女性人口 1000 人に対する嫡出出生数の割合．
3) 厚生労働省『賃金構造基本統計調査』「きまって支給する現金給与額」を用い

た.

4) （女性の各世代の初婚件数）/（該当世代の女性人口）で求めた.

5) 例外として，宮城県，秋田県，栃木県，新潟県，福井県，三重県，和歌山県，福岡県，熊本県，大分県，宮崎県（15 〜 19 歳），宮城県，山梨県，福岡県，熊本県（20 〜 24 歳），宮城県，山梨県，兵庫県，奈良県，沖縄県（30 〜 34 歳）では性比が低下する傾向にある.

6) ある変数 X について n 個の量的データ x_1, x_2, …, x_n が与えられる場合，相乗平均は $G = \sqrt[n]{x_1 x_2 \cdots x_n}$ と示される.

参考文献

Becker, G. S.［1973］"A Theory of Marriage: Part I," *Journal of Political Economy*, 81(4), pp. 813-846.

―――［1974］"A Theory of Marriage: Part II," *Journal of Political Economy*, 82(2), Part 2, pp. S11-S26.

小川浩［2003］「所得分布と結婚行動」一橋大学経済研究所世代間問題研究機構ディスカッション・ペーパー 181.

静岡県［2016］『ふじのくに少子化突破戦略の羅針盤』(http://www.pref.shizuoka. jp/kousei/ko-130/toppa.html, 2018 年 12 月 31 日閲覧).

静岡大学人文社会科学部理論経済学研究室［2017］『大学生による未来へのかけ橋創造プロジェクト』.

静岡大学人文社会科学部理論経済学研究室［2017］「大学生による未来へのかけ橋創造プロジェクト」『大学生が創る未来への羅針盤 政策提言』pp. 3-8. (http://www.pref.shizuoka.jp/kousei/ko-130/compass/documents/teigen.pdf, 2018 年 12 月 31 日閲覧).

第4章

人口移動の理論

産業革命（Industrial Revolution）は大きな社会構造の変化をもたらしたが，人口移動（migration）もその1つである．アダム・スミス（Adam Smith, 1723-1790）は『国富論』[Smith 1776] において，「人間という荷物は，あらゆるもののなかでいちばん輸送が困難だということが経験上明白である」[邦訳第I巻：127] と述べ，人口移動は難しいと考えていた[1]．

しかし，その後，鉄道等の交通の発達によって地域間の人口移動は容易となり，経済の発展と成長に重要な役割を担うようになる．マーシャル（Alfred Marshall, 1842-1924）はその主著 [Marshall 1890] において，「ほとんどすべての国々において，都市に向かっての不断の移住が行われている．大都市特にロンドンはイングランド各地から最良の人々を吸収している」[邦訳第2分冊：163] と述べ，産業革命を経験した国々では19世紀に入ってから大規模な人口移動が起きていることを指摘している．この19世紀後半の人口移動は地理学者の関心を惹き，その解明が試みられるようになった．

1 移動の法則

国内人口移動の理論研究は，ラベンスタインの「移動の法則」と題する論文に遡ることができる．ラベンスタインは，1871年と1881年の英国の人口センサスにおける出生地と現在地の分析結果から，人口の地域間移動にはいくつかの法則性がみられることを発見した．法則は，以下のように整理される [Ravenstein 1885: 198-199]．

(1) 移動者の大半は短い距離しか移動しない．そしてその結果，人口の普遍的な移動や移住が起こり，移住者を吸収する商工業の大きな中心地へ向かうよう設定された「移動の流れ」を生み出

す．この移住の推定を作成する際には，移動者を供給する各県[2]に生まれた者の数，およびそれらを吸収する町の人口も考慮に入れなければならない．

(2) 急成長する町のすぐ周りに居る住民は，その町に群れを成して入ってくる．こうして農村人口に生じた間隙は，急成長している町の魅力が段階的に最遠の地に届く限りにおいて，さらに遠い地域からの移住者によって埋められていく．

(3) 人口の分散過程は吸収過程の逆であり，同様の特徴を示している．

(4) 移動の主要な流れは，それぞれそれを相殺する逆流を生み出す．

(5) 長距離を移動する者は，一般に，商業または工業の大きい中心地の一つに好んで向かう．

(6) 町に生まれた者は，農村に生まれた者ほどは移動しない．

(7) 女性は男性より移動性が高い．

1989 年の論文では，次の法則が追加されている［Ravenstein 1989: 287-288］．

(8) （人口の）自然増だけに頼るならば，大都市の人口は非常にゆっくりとしか増加しない．そしていくつかの例においては減少さえする．

(9) 女性は短距離の移動者の中において優勢である．

(10) 移動手段の増加や工業や商業の発展は，移動者を増加させる．

また，法則として列挙されていないが，「物質的な点で自分自身をより良くしたい」［Ravenstein 1989: 286］という経済的欲求を移動の大きな要因として挙げている．

この中で，(1) の法則はさらに3つの内容に分けられる．まず，① 他の事情を一定とすれば距離が移動の妨げとなっていること，次に，② 経済的に活気に満ちた大都市が移動の目的地となること，そして，③ 移動人口が出発地と目的地の両方の人口に依存していることである．

　(1) の①は，移動と距離の間に負の相関があることを示唆している．M を人口移動量，D を移動距離とすると，それらの関係は

$$M = \frac{\alpha}{D} \tag{4-1}$$

によって表現される．ここで α は定数である．ラベンスタイン以降の研究は，D を単なる地理的距離にとどまらず，費用，時間，介在機会などの各種の変数を (4-1) 式に導入して説明しようという方向へと発展した．

　人口移動に関する法則性の提案は，人口統計学の中に人口移動という新たな研究領域を成立させることになった．特に，「移動者の大半は短い距離しか移動しない」という知見は，人口移動研究のその後の広範な展開の基礎となる．その後，人口移動については重力モデルをはじめさまざまな理論モデルが提案され，それに基づく実証研究も含め，人口地理学の分野を中心に研究が蓄積されてきた．

　また，(4) の法則は，日本の 1975 年から 1985 年頃に U ターン現象（地方から大都市へ移動したものが生まれ故郷に戻る現象）を説明できる．さらに，経済的欲求への視点は，後に人口移動を所得格差等から説明する試みを生み出すことに繋がった．

2　重力モデル

　重力モデル (gravity model) は，人口移動を物理学の重力法則の概念で

説明するモデルである．ニュートン（Sir Isaac Newton, 1642-1727）の発見した万有引力（universal gravity）の法則（law of universal gravitation）は近代科学の礎を築いた．それは，2つの物質の間に作用する引力 f は，両物質の質量 m_1 と m_2 の積 $m_1 \times m_2$ に比例し，距離 d の2乗に反比例するという法則である．すなわち，これらの変数の関係は，次式で示される．

$$f = G \frac{m_1 m_2}{d^2} \tag{4-2}$$

ここで G は重力定数である．

　この物理法則を最初に経済活動へ関連付けたのはケアリー［Carey 1858: 17］であったが，人口移動を説明できることを実証したのはスチュワート［Stewart 1941; 1942］である．彼は米国東部4大学の学生数が次の法則に従っていることを明らかにした．

$$M_{ij} = \alpha \frac{P_i}{D_{ij}} \tag{4-3}$$

M_{ij} は地域 i から地域 j へ進学してきた学生数，P_i は地域 i の人口，D_{ij} は両地域間の距離，α は定数である．

　その後，ジップが，都市の順位・規模法則（rank-size rule）に基づいて，旅客（passenger）の都市間移動を次式で示した［Zipf 1946］．

$$M_{ij} = \alpha \frac{P_i P_j}{D_{ij}} \tag{4-4}$$

ここで，M_{ij} は地域 i から地域 j への移動者数，P_j は地域 j の人口である．地域人口は財やサービスの需給の基礎となっており，財や人々の地域間移動を説明するものと考えられている．これは**図 4-1** のようなグラ

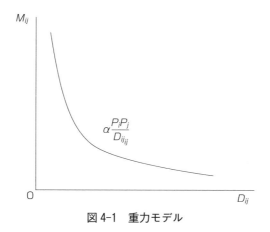

図 4-1　重力モデル

フを描き，ラベンスタインの法則の (1) と整合性がある．
　(4-4) 式を一般化すると，次式になる．

$$M_{ij} = \alpha \frac{P_i^{\beta_1} P_j^{\beta_2}}{D_{ij}^{\beta_3}} \tag{4-5}$$

ここで，$\beta_i (i = 1, 2, 3)$ はパラメータである．距離には，物理的距離，時間距離，経済的距離などが用いられる．出発地の人口規模 P_i が大きければ大きいほど，何らかの理由で移住する人の数は多くなる．目的地の人口規模 P_j は一般的に労働市場の代理変数と考えられ，労働市場の規模が大きければ大きいほど，利用可能な雇用機会の数と種類の両方が大きくなる可能性が高い [Greenwood 1975: 419]．農村から都市への移動のように産業基盤が異なる場合は，出発地の人口 P_i は押し出し (push) 要因として働き，目的地の人口 P_j は引き付け (pull) 要因として働く．
　重力モデルは理論モデルとしては必ずしも優れているとは言えないが，モデルの単純さに由来する操作性の高さと，実際の集計量に対する説明力の高さによって，優れた有用性を持っており，現在は人口移動のみな

らず，国際貿易等の分析にも用いられている．

また，(4-5) 式の両辺の自然対数をとると，(4-6) 式が得られる．

$$\ln M_{ij} = \ln \alpha + \beta_1 \ln P_i + \beta_2 \ln P_j - \beta_3 \ln D_{ij} \qquad (4\text{-}6)$$

(4-6) 式の重力モデルは，右辺の説明変数を拡張しやすいという特徴をもっている．

3 労働移動の新古典派モデル

新古典派経済学 (neoclassical economics) では，人口移動の理由として，要素価格 (賃金) の地域格差に注目する．

貨幣賃金を w，財の価格を p，労働量を L とすると，企業 (生産者) による労働の需要は，限界生産物 (生産関数 $f(L)$ の傾き) が実質賃金 $\left(\frac{w}{p}\right)$ に等しいように決定されるため，労働需要曲線 (DD) は賃金に対して右下がりとなる (図 4-2)．

他方，労働者は長時間働いて得た所得で多くの財を消費することと，短時間働いて余暇を消費することのいずれかを選択する．労働供給量 (時間) を L で表し，労働供給には上限 $\bar{L}$ があるとすると，余暇は $R = \bar{L} - L$ である．貨幣賃金率を w とすると，労働所得は wL である．労働者は価格 p で消費量 C を消費する．最適消費点は消費と余暇のトレード・オフ関係を表す限界代替率 $\left(-\frac{\Delta C}{\Delta R}\right)$ が実質賃金 $\left(\frac{w}{p}\right)$ と等しい時に得られる．図 4-3 では，無差別曲線 I と予算線の接点である．多くの人の場合，賃金率 w が上昇して貨幣所得が増加するときには余暇の需要を低下させる．余暇の需要が実質賃金に対して右下がりとなるため，労働供給曲線 (SS) は右上がりになる．

物価を一定とすると労働の需要曲線と供給曲線は図 4-4 のように描か

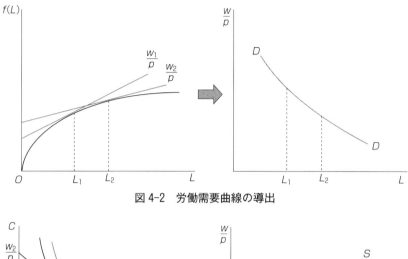

図 4-2　労働需要曲線の導出

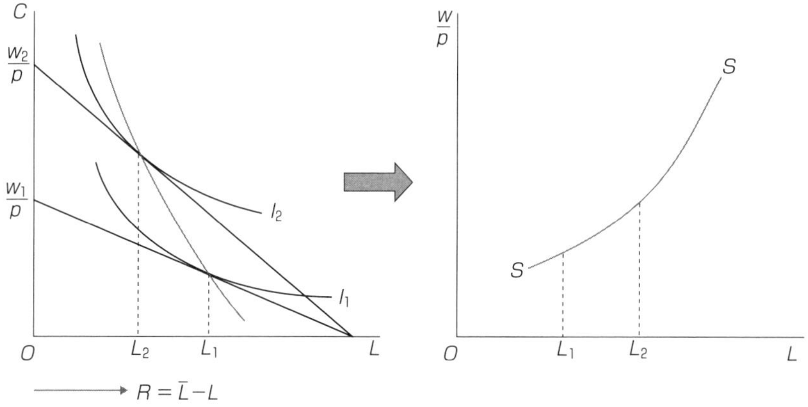

図 4-3　労働供給曲線の導出

れる．貨幣賃金 w による需給調整により需要と供給が一致する．

M_{ij} を地域 i から地域 j への人口移動量，w_i を地域 i の賃金，w_j を地域 j の賃金とすると，次のような動きを説明することができる．

$$w_i < w_j \Rightarrow \Delta M_{ij} > 0 \\ w_i > w_j \Rightarrow \Delta M_{ij} < 0 \qquad (4\text{-}7)$$

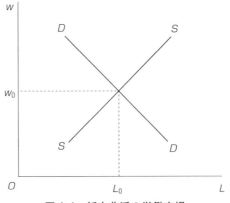

図4-4　新古典派の労働市場

すなわち，高い賃金を求めて人口の移動が起こるのである．

　そのプロセスは次のように理解される．いま，地域iと地域jの2つの地域があり，それぞれに企業が立地して，規模に関して収穫一定の生産の下で完全競争市場の条件が満たされているとしよう．地域間の移動が自由であって，移動費用は無視できるものと仮定する．各地域の実質賃金率は，地域労働市場の需要曲線と供給曲線の交点によって決定される．初期状態として，両方の地域でw_0の実質賃金で均衡しているものとする．

　地域iの移出が拡大したとしよう．移出が拡大すると雇用が拡大し，労働の需要曲線が$D_{i0}D_{i0}$から$D_{i1}D_{i1}$へと右方向に移動（シフト）して，当初の賃金w_0より高いw_1の賃金を提示できるようになる．地域間に賃金格差が生じることになり，地域iから地域jへと労働力が移動する（図4-5）．

　労働力の地域間移動により，地域jでは労働の供給曲線は$S_{j0}S_{j0}$から左方向に移動し，地域iでは労働の供給曲線は$S_{i0}S_{i0}$から右方向に移動する．このような移動は，地域間の賃金格差が消滅するまで続けられる．

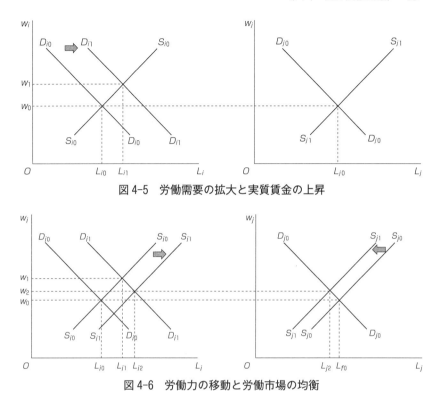

図 4-5　労働需要の拡大と実質賃金の上昇

図 4-6　労働力の移動と労働市場の均衡

そして，地域 j の供給曲線が $S_{j1}S_{j1}$，地域 i の供給曲線が $S_{i1}S_{i1}$ のところにくると，両地域の間で労働市場は均衡する（図 4-6）．

　生産要素の移動が自由であり，移動費用が無視できるならば，生産要素価格の地域間格差は消滅する．国際間と比べると国内の地域間においては，移動は自由であり，移動費用も小さいから地域間格差は縮小する傾向にある．

4 労働移動の人的資本モデル

新古典派モデルの欠点は，地域の賃金格差に応じて労働者が即座に反応すると仮定されていることである．それに代わるモデルとしては，将来期待される収入に反応して労働者が移動すると考えるアプローチがある [Sjaastad 1962]．地域 i から地域 j への移動の純現在価値 PV_{ij} は次のように定式化される．

$$PV_{ij} = R_{ij} - C_{ij}$$
$$= \sum_{t=1}^{T} \frac{w_{jt} - w_{it}}{(1+r)^t} - C_{ij} \tag{4-7}$$

ここで，R_{ij} は期待される収入に関する生涯増分の現在価値，C_{ij} は予想される移動費用の現在価値，r は割引率である．このモデルでは，次の条件で移動が起こると仮定される．

$$PV_{ij} > 0 \Rightarrow \Delta M_{ij} > 0$$
$$PV_{ij} < 0 \Rightarrow \Delta M_{ij} < 0$$

すなわち，新天地で得られる収入増の現在価値がその地域への移動にかかる費用の現在価値よりも高い場合，人口の移動が起こる．このアプローチは，発展途上国から先進国への高学歴者や専門職従事者の移動が多いことを説明できる．

5 魅力乗数モデル

魅力乗数 (attractiveness) は，J. W. Forrester の *Urban Dynamics* [1969]

で考案され，システムダイナミックスによる都市研究において利用されている．地域 j の魅力乗数を A_j とすると，次のような形をとる．

$$A_j > 1 \Rightarrow \Delta M_{ij} > 0$$
$$A_j < 1 \Rightarrow \Delta M_{ij} < 0$$

すなわち，魅力ある地域には人口の流入が起こるというモデルである．魅力乗数の概念は，直観的で判りやすく，モデル作成上も簡便な方法ではあるが，理論的根拠に乏しいことが欠点である．

注
1) 金銭面の問題を除いても，当時は同業組合法（corporation laws）や救貧法（poor laws）などの存在が人口移動を妨げていた［Smith 1776：邦訳第 I 巻 226］．日本でも江戸時代，人口の大半を占める農民の移動は原則的には禁止されていた．実態は異なることが近年明らかにされつつあるが，移動の距離は概して短かったと考えられる［木下 2000］．
2) 原文では英国の行政区画である county である．

参考文献
Armstrong, H. and Taylor, J.［2000］*Regional Economics and Policy*, 3rd ed., Wiley-Blackwell（佐々木公明監訳『改訂版 地域経済学と地域政策』流通経済大学出版会，2005 年）.

Becker, G. S.［1962］"Investment in Human Capital: A Theoretical Analysis," *Journal of Political Economy*, 70(5), pp. 9-49

Carey, H. C.［1858］*Principles of Social Science*, Philadelphia: J. B. Lippincott & co..

Forrester, J. W.［1961］*Industrial dynamics*, Waltham, MA: Pegasus Communications（石田晴久・小林秀雄訳『インダストリアル・ダイナミックス』紀伊國屋書店，1971 年）.

——［1969］*Urban Dynamics*, Waltham, MA: Pegasus Communications（小玉陽一訳『アーバン・ダイナミックス——都市のシステム構造と動的挙動モデル——』日本経営出版会，1970 年）.

Greenwood, M. J. [1975] "Research on Internal Migration in the United States: A Survey," *Journal of Economic Literature*, 13(2), pp. 397–433.

――― and Hurt, G. L. [2003] "The Early History of Migration Research," *International Regional Science Review*, pp. 3–37.

Grigg, D. B., [1977] "E. G. Ravenstein and the 'laws of migration'," *Journal of Historical Geography*, 3(3), pp. 41–54.

Hicks, J. R. [1963] *The Theory of Wages*, 2nd ed., London: Macmillan（内田忠寿訳『賃金の理論』東洋経済新報社，1965 年）.

Marshall, A. [1890] *Principles of Economics: an introductory volume*, London: Macmillan（馬場敬之助訳『マーシャル経済学原理』東洋経済新報社，1966 年）.

Ravenstein, E. G. [1885] "The Laws of Migration," *Journal of the Statistical Society*, 48(2), pp. 167–235.

――― [1889] "The Laws of Migration," *Journal of the Statistical Society*, 52(2), pp. 214–301.

Sjaastad, L. A. [1962] "The Costs and Returns of Human Migration," *The Journal of Political Economy*, 70(5), pp. 80–93.

Stewart, J. Q. [1941] "An Inverse Distance Variation for Certain Social Influences," *Science*, 93, pp. 89–90.

――― [1942] "A Measure of the Influence of a Population at a Distance," *Sociometry*, 5(1), pp. 63–71.

Smith, A. [1776] *An Inquiry into the Nature and Causes of the Wealth of Nations*, 5th ed.（大河内一男監訳『国富論』中央公論社，1976 年）.

Zipf, G. K. [1946] "The P1 P2/D Hypothesis: On the Intercity Movement of Persons," *American Sociological Review*, 11(6), pp. 677–686.

木下太志［2000］「江戸期農民の人口移動パターン――東北農村の宗門改帳の分析から――」『社会経済史学』66(4)，pp. 3-22.

第5章

人口移動の統計

はじめに

　人口移動の実証分析には統計データが不可欠である．このため本章では，人口移動に関する統計データと統計指標について取り上げる．

　人口移動を含めて人口に関する主要な統計データは，公的統計（official statistics），つまり国や自治体などの公的機関によって作成・公表される統計データが基本となる．このため，公表されるデータは，個票データではなく集計データに限られ，国や自治体が定めたデータの集計区分や集計方法に基づいたデータに限定されるという制約を受けることになる．本章で扱う人口移動の統計データも例外ではない．

　以上のような公的統計の特徴を考慮した上で，本章では，まず人口移動の基本的な公的統計である「住民基本台帳移動報告」と，それに関連した「国勢調査」の2つの公的統計の概要を述べる．続いて，これらの統計データを活用した人口移動に関する主要な統計指標を取り上げ，各統計指標の作成方法と意味について解説する．また，人口移動の統計指標のなかで最も基本となる移動率の計算について，留意すべき問題点や対処方法についても検討する．具体的には，人口数をめぐる「住民基本台帳移動報告」と「国勢調査」の乖離と小地域の移動率をめぐる経験的ベイズ推定である．最後に，本章で取り上げた人口移動に関する統計データや統計指標を用いて静岡県における人口移動の分析を試み，統計データや統計指標の有効性を検証する．なお付言すれば，人口移動（migration）とは，本来，国内移動（internal migration）と国際人口移動（international migration）の2つを含むが，本章では専ら国内移動を対象とした人口移動を扱うこととする．

1 人口移動の公的統計

一般に人口に関する公的統計は，人口静態統計，人口動態統計，人口移動統計の3つを柱として体系化されている．図 5-1 で示したように，日本の場合，人口静態統計が「国勢調査（国勢統計）」，人口動態統計が「人口動態統計」，人口移動統計が「住民基本台帳移動報告」として作成・公表されている．従って，本章で問題とする人口移動については，総務省統計局が作成している「住民基本台帳移動報告」が主要な統計データになるが，国勢調査においても移動に関する調査項目が含まれており，その集計結果も統計データとして公表されている．そこで本節では分析の基本となる人口移動データとしての「住民基本台帳移動報告」と「国勢調査」の概要について簡単に解説する．

(1) 住民基本台帳移動報告

「住民基本台帳移動報告」は，日本の人口移動を扱う最も重要な統計データである．1954 年に「住民登録人口移動報告」として作成が開始されたこの公的統計は，1967 年の法令改正に伴い現在の名称となった．その名称が示すように，市区町村で作成される住民基本台帳の行政情報に基づき人口の移動状況を把握する統計データである．

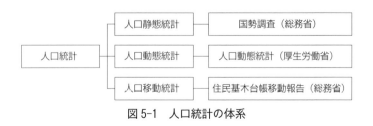

図 5-1　人口統計の体系

第 5 章　人口移動の統計　*63*

表 5-1　住民基本台帳移動報告の概要

調査・報告書名	住民基本台帳移動報告
統計の形態	一般統計・業務統計
作成機関	総務省統計局
対　象	日本国内で住居し住民登録をした日本人 日本国内で住居し住民登録をした外国人
主な項目	移動者数（転入者数，転出者数） 転入超過数，移動率
表　章	市区町村，都道府県
公表時期	月次，四半期，年次

表 5-1 は，「住民基本台帳移動報告」の概要を示したものであるが，まず留意すべきは，2012 年に住民基本台帳法が一部改正され，外国人が住民票登録の対象となった 2013 年以降，外国人も同報告の対象になっている点である．これは，2013 年以前の「住民基本台帳移動報告」が日本人のみを対象に集計されたデータであることを意味する．

留意すべき第 2 の点は，同報告書で示される「人口移動」が，専ら「住民票の移動」という行政情報に基づいて把握された「人口の移動」を意味することである．例えば，15 ～ 19 歳の年齢階級における人口移動を取り上げると，静岡県のように県外の大学や専門学校に進学する者が多い地域では，住民票の移動届けをせず県外に居住地を変更する事例が多数存在していると推定されるが，「住民基本台帳移動報告」ではそのような潜在的な移動数を把握することはできない．

(2)　国勢調査

「国勢調査」は，日本の総人口（法定人口）を確定する公的統計である．1920 年に第 1 回国勢調査が実施されて以降，1945 年を除き，西暦の 1

の位が0と5の年に実施されている。また、世帯を対象とする全数調査によって作成されたこの統計データは、例えば、選挙区の区割りや補助金算定の根拠となる法定人口として利用されるなど、あらゆる公的統計のなかで最も重要なものである。

表5-2は「国勢調査」の概要を示したものであるが、図5-1で示されているように、この公的統計は人口静態統計に属する。しかし、「国勢調査」には「5年前の居住地」という調査項目が含まれており、「住民基本台帳移動報告」とは異なる意味での人口移動のデータが利用可能である。

「住民基本台帳移動報告」は、月単位もしくは年単位で示される動態的な移動状況を示すものであり、住民票の移動という行政情報に基づいて把握される業務統計であった。これに対して「国勢調査」は、常住地を前提とした全数調査に基づく調査統計であり、「5年前の居住地」からの移動とは「前回の調査時における居住地」からの移動を意味するものである。従って、過去5年間の移動状況は把握されておらず、静態的な移動状況を示すものであるとみなされよう。

表5-2　国勢調査の概要

調査・報告書名	国勢調査
統計の形態	基幹統計・調査統計（全数調査）
作成機関	総務省統計局
対　象	日本国内で3カ月以上常住しているもの
主な項目	配偶関係，国籍，世帯人員，就業状況 5年前の住居地
表　章	市区町村，都道府県
調査周期	5年毎

2 人口移動に関する統計指標

前節で示した人口移動の統計データを使ってさまざまな統計指標を作成することができ,それによって地域間における人口移動の特徴や傾向を分析することが可能となる.そこで本節では,都道府県間の人口移動を前提として,統計指標作成に必要なデータの定義を行った後,最も基本的な統計指標である移動率,交流率,移動選択指数,移動効果指数の算式と意味を解説する.

(1) 都道府県間人口移動データの定義

まず,都道府県間の人口移動を対象とするデータ行列を定義しよう.今,都道府県間の移動について,任意の移動元 (origin) を j 都道府県,移動先 (destination) を i 都道府県,移動数 m_{ij} を要素とすると,以下のデータ行列 **M** は流出のデータ行列となる.但し対角要素は非流出数(非移動+都道府県内流出)を,n は 47 で都道府県の数を表す.従って,このデータ行列の転置行列 ^{t}**M** は流入数を表すデータ行列になる.なお都道府県間の交流を示すデータ行列 **M** や転置行列 ^{t}**M** は,O-D 表 (origin-destination table) と呼ばれる(岡崎 [1993] 参照).

$$M = \begin{bmatrix} m_{11} & m_{12} & \cdots & m_{1j} & \cdots & m_{1n} \\ m_{21} & m_{22} & \cdots & m_{2j} & \cdots & m_{2n} \\ \vdots & \vdots & & \vdots & & \vdots \\ m_{i1} & m_{i2} & \cdots & m_{ij} & \cdots & m_{in} \\ \vdots & \vdots & & \vdots & & \vdots \\ m_{n1} & m_{n2} & \cdots & m_{nj} & \cdots & m_{nn} \end{bmatrix}$$

このデータ行列 $\mathbf{M}$ において j 都道府県の総人口 P_j と総流出数 $m_{.j}$ は

$$P_j = \sum_{i=1}^{n} m_{ij} \qquad\qquad m_{.j} = P_j - m_{jj}$$

となる．また，総流入数 $m_{j.}$ については

$$P_j = \sum_{i=1}^{n} m_{ji} \qquad\qquad m_{j.} = P_j - m_{jj}$$

となる．但し，転置行列 ${}^t\mathbf{M}$ の場合は $m_{.j}$ が総流入数を表す．

更に，全国の総人口 P（国外純移動を除いた総人口）は

$$P = \sum_{i=1}^{n} P_i = \sum_{j=1}^{n} P_j = \sum_{i=1}^{n}\sum_{j=1}^{n} m_{ij}$$

となる．ところで，本章では国内移動のみを対象としているため，全国の総移動数 M は

$$M = \sum_{i=1}^{n}\sum_{j=1}^{n} m_{ij} - \sum_{k=1}^{n} m_{kk} = \sum_{i=1}^{n} m_{i.} = \sum_{j=1}^{n} m_{.j}$$

となる．これは全国の総流出数と総流入数が等しいことを意味する．なお以下の統計指標の記述においては，データ行列 $\mathbf{M}$ を前提とするが，転置行列 ${}^t\mathbf{M}$ を使用する場合には，その都度その旨を明記する．

(2) 移動率 (migration rate)

前節の定義に従い，データ行列 $\mathbf{M}$ において，任意の移動元を j 都道府県とすると，j 都道府県の移動率（流出率）は

$$MO_j = \frac{m_{.j}}{P_j} \times k \tag{5-1}$$

と定義される．但し，定数 k は 100 か 1000 が一般に用いられる．また，流入の移動率は

$$MI_j = \frac{m_{j.}}{P_j} \times k \qquad (5\text{-}2)$$

となる．但し，転置行列 $^t\mathbf{M}$ においては j 都道府県への流入数を示すデータ行列となるので，(5-1) 式は流入の移動率（流入率）MI_j と等価である．なお，移動超過数（流入数 − 流出数）を用いた移動率 MN は純移動率と呼ばれ，次のように示される．

$$MN_j = \frac{m_{j.} - m_{.j}}{P_j} \times k \qquad (5\text{-}3)$$

これらの移動率は，各地域間の人口規模を考慮した移動の相対的な作用力 (mobility) を表す指標としてみなされ，人口移動の最も基本的な統計指標とされる．また，移動元を j 都道府県，移動先を i 都道府県とする特定の 2 地域間に対しても適用できる．例えば，j 都道府県から i 都道府県への流出の移動率は次のようになる．

$$MO_{ij} = \frac{m_{ij}}{P_j} \times k \qquad (5\text{-}4)$$

⑶ **交流率**（population interchange rate）

交流率は 2 地域間の人口規模に対して相互の移動数の大きさを示す統計指標で，粗交流率（gross rate of population interchange）と純交流率（net rate of population interchange）の 2 つの指標がある．粗交流率は，2 地域間の人口規模に対して，双方の移動数の大きさを相対的に評価する統計指標で

$$MGR_{ij} = \frac{m_{ij} + m_{ji}}{P_i + P_j} \times k \qquad (5\text{-}5)$$

と定義される．これは，j 都道府県から i 都道府県への流出数と i 都道府県から j 都道府県への流出数（i 都道府県から j 都道府県への流入数）の大きさ，つまり移動元である j 都道府県に対して，移動先である i 都道府県への流出数と i 都道府県からの流入数の大きさを 2 地域間の人口規模から相対的に評価する指標である．それに対して純交流率は，2 地域間の移動数の差を双方の人口規模に対して相対的に評価するもので

$$MNR_{ij} = \frac{m_{ij} - m_{ji}}{P_i + P_j} \times k \qquad (5\text{-}6)$$

と定義される．純交流率は，粗交流率が移動元の流出数と流入数の大きさを問題にしているのに対して，移動元の流入超過数の大きさを移動元と移動先の人口規模から相対的に評価する指標である．

⑷ 移動選択指数（migration preference index）

移動選択指数とは，人口の流出先（i 都道府県）と流出元（j 都道府県）との関係の強さ（大きさ）を，流出率や流入率の大きさだけで評価するのではなく，2 地域間における人口規模の相対的な大きさを考慮して評価する統計指標である．流出の移動選択指数は次のように定義される．但し，定数 k は 100 が一般に用いられる．また，転置行列 ${}^t\mathbf{M}$ においては移動率の場合と同じく流入の移動選択指数 MIP_{ij} となる．

$$MOP_{ij} = \frac{m_{ij}}{\dfrac{P_i}{P} \cdot \dfrac{P_j}{P} \cdot \sum\limits_{i=1}^{n} \sum\limits_{j=1}^{n} M_{ij}} \times k \qquad (5\text{-}7)$$

なお，移動選択指数は，理論的には次の (5-8) 式の定義の方が正確であるが，P が十分大きいときは (5-7) 式と (5-8) 式の差は小さいため，計算の利便性から後節の計算例では (5-7) 式を使用している（大友 [2002] 参照）．

$$MOP_{ij} = \frac{M_{ij}}{\dfrac{P_i}{P} \cdot \dfrac{P_j}{(P - P_i)} \cdot \displaystyle\sum_{i=1}^{n} \sum_{j=1}^{n} M_{ij}} \times k \tag{5-8}$$

(5-7) 式の分母は，期待流出数（全国の総人口占める 2 都道府県の人口比に応じた人口流出数）を示しており，分子は実際の人口流出数を示している．従って，$MOP_{ij} > 100$ の場合は，j 都道府県から i 都道府県への人口流出数が両都道府県の人口規模から期待される流出数より大きく，j 都道府県にとって i 都道府県は人口流出の選択性が高い地域であると評価される．

(5) 移動効果指数 (migration efficiency index)

移動効果指数とは，i, j 二地域間における移動の均衡状態を示す統計指標である．言い方を換えれば，流出数と流入数の偏りの大きさを示す指標で，次のように定義される．但し，定数 k は 1 が一般に用いられる．

$$ME_{ij} = \left| \frac{M_{ji} - M_{ij}}{M_{ji} + M_{ij}} \right| \times k \tag{5-9}$$

上式の定義からも明らかなように i, j 二地域間の流出量と流入量が均衡しているときは 0 となり，逆に全く一方に偏っているとき 1 となる．

この指標は，(5-6) 式の純交流率と似た意味を持つ統計指標であるが，純交流率は流出数と流入数の均衡状態を 2 地域間の人口規模で相対的に

評価するものであるのに対して，移動効果指数は2地域間の総移動数（流出数と流入数）で評価しようとする指標である．従って，この指数の計算結果によって2地域間に流出もしくは流入の偏りが認められる場合は，元データを参照しながら，どちらの地域がどのような意味で（流出数もしくは流入数）偏りがあるのか，これらの点を精査する必要がある．なお付言すれば，移動効果指数は，2国間の輸出入量の均衡状態を示す産業内貿易指数（グローベル・ロイド指数）とほぼ同じ算式である．

3 統計データと統計指標の精度

前節で指摘したように，国内の人口移動に関する統計データは「住民基本台帳移動報告」がほぼ唯一のデータソースである．しかしながらこの統計データから把握される移動数は，住民基本台帳の行政情報に基づいているため，例えば10代後半から20代の年齢階級における移動数の事例のように，登録上の居住地と事実上の居住地に相違が多く認められる場合があり，利用に当って留意すべきであることは既に述べた．そこで本節では，最も基本的な移動率を対象として，人口移動の統計指標に関する問題点を検討する．

(1)「住民基本台帳移動報告」と「国勢調査」における総人口の乖離

(5-1)～(5-3)式で定義された移動率は，いずれも分母に都道府県の総人口を用いている．分子に当る移動数は，既述のとおり日本の国内移動を扱う限り「住民基本台帳移動報告」の統計データを用いることになるが，分母の総人口については必ずしもその限りではない．人口移動の統計指標に限らず，一般に総人口については，西暦で0と5の付く年次については「国勢調査」，それ以外の年次では推計人口（5年に1度の国勢

調査のデータに各年の社会増減と自然増減を加えた人口）のデータが用いられることが多く，実際，**表 5-1** の「主な項目」のなかで公表されている「住民基本台帳移動報告」の移動率は，分母に国勢調査もしくは推計人口のデータが用いられている．

しかしながら，「住民基本台帳移動報告」においても全国，都道府県，市区町村の総人口は把握できるため，移動率の計算にそれを利用するという考え方も成り立つ．比率は分子が分母の部分集合でなくてはならないという算術上の原則に基づけば，むしろ (5-1)〜(5-3) 式で示される移動率の計算には「住民基本台帳移動報告」の総人口を分母に用いた方がよいという判断もあろう．その際，問題となるのは，「国勢調査」と「住民基本台帳移動報告」では人口把握の方法が異なるため，総人口の数値に一定の乖離が生じることである．そこで，両データの差を比較するため，「乖離率」という統計量を定義して 2015 年と 2010 年の総人口ついて比較検討してみよう．

今，i 都道府県において「国勢調査」の人口もしくは「推計人口」を CP_i，「住民基本台帳移動報告」の人口を RP_i とし，次のような乖離率 D_i を定義する．

$$D_i = \frac{RP_i - CP_i}{CP_i} \qquad (5\text{-}10)$$

乖離率を 2015 年と 2010 年について比較するため，各年の都道府県別乖離率を次のような算式で指数化した数値を折れ線グラフで示したのが **図 5-2** である．但し，D は全国の乖離率である．また，「国勢調査」は 10 月 1 日現在，「住民基本台帳移動報告」は 1 月 1 日現在の人口である．

$$DI_i = \frac{D_i}{D} \times 100 \qquad (5\text{-}11)$$

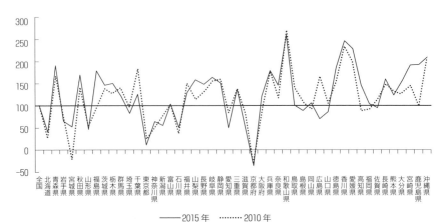

図 5-2 乖離率指数の都道府県別比較

　この指数は，$100 < DI_i$ のときは，全国の乖離率より「国勢調査」と「住民基本台帳移動報告」の乖離率が高く，且つ「国勢調査」よりも「住民基本台帳移動報告」の人口が多い都道府県，$0 < DI_i < 100$ のときは，乖離率が全国より低く，且つ「国勢調査」よりも「住民基本台帳移動報告」の人口が多い都道府県であることを示している．また $0 > DI_i$ のときは，「住民基本台帳移動報告」よりも「国勢調査」の人口が多い都道府県であることを示している．2015 年の場合，$100 < DI_i$ が 31 都道府県，$0 < DI_i < 100$ が 15 都道府県，$0 > DI_i$ が 1 都道府県となっており，乖離率の最大値が 3.4 %（和歌山県），最小値が −0.5 %（京都府）であった．2010 の場合，$100 > D_i$ が 29 都道府県，$0 < D_i < 100$ が 16 都道府県，$D_i < 0$ が 2 都道府県となっており，乖離率の最大値が 3.4 %（和歌山県），最小値が −0.4 %（京都府）であった．このことから，全体的に見ると 6 割以上の都道府県が全国の乖離率を超えることが明らかとなった．

　以上見たように，全国で見れば乖離率が 1.3 %程度なので，移動率の算定に当って「国勢調査」の人口を用いても，あるいは「住民基本台帳

移動報告」の人口を用いても，それほど大きな差が生じることはない．
しかしながら，一部の都道府県によっては乖離率が３％を超える場合も
あるので注意を要する．

　筆者の考えでは，算術上の原則から移動率の算定には「住民基本台帳
移動報告」の人口を使用すべきである．しかし，この場合，移動率にお
ける分子の移動数が実際に移動した数値を反映するものであるのに対し
て，分母の人口はそこに居住していない登録上の人口も含まれるので事
実上の人口を反映していない点に鑑みると，移動率を使用する分析目的
によっては「国勢調査」の人口を使用することもあり得る．何れにせよ，
移動率の地域間比較をする場合は，分母の人口に同じ統計データを使用
しなければならないことは言うまでもない．

(2)　小地域の移動率
——経験的ベイズ推定——

　本項では人口規模の異なる比率の比較問題を取り上げる．例えば，人
口 100 万人の地域と人口 1000 人の地域の流出の移動率が１％であった
する場合，これらの数値をめぐっては比較可能性の問題が生じる．後者
のような小地域の場合，わずかな移動数の変動が移動率の変動に大きく
影響するからである．移動率に限らず，出生率や死亡率のように比率に
換算して地域間比較する場合，このような問題は避けて通ることができ
ない．特に，小地域の比率を時系列で比較するような場合には問題の本
質が顕著に現れる．このような小地域における変動やバラツキを調整す
る方法としてしばしば用いられるのが経験的ベイズ推定法（empirical
Bayes estimation）である．

　ある市区町村 i における流出の移動率を考えてみよう．その際，移動
先は考慮せず，m_i を i 市区町村の移動数，P_i を i 市区町村の総人口，P

を i 市区町村を含む都道府県の総人口，n を i 市区町村を含む都道府県の市区町村数とすると，i 市区町村の移動率 MO_i と当該都道府県全体の移動率（都道府県内及び都道府県外の移動を含む）MO は次のように定義される．なお (5-1) 式のような係数 k は考慮しないこととする．

$$MO_i = \frac{m_i}{P_i} \qquad\qquad MO = \frac{\sum_{i=1}^{n} m_i}{P} \qquad\qquad (5\text{-}12)$$

　ベイズ推定の場合，重要なのは事前分布であるが，出生率や死亡率の推定に用いられることが多いのは 2 つのパラメータ α, β を持つガンマ分布 $G_A(\alpha, \beta)$ である（丹後［2000］参照）．そこで，本章でもガンマ分布を事前分布とした場合の計算方法を以下示すこととする．

　今，簡略化のために，MO_i を p_i と置くと，ガンマ分布の確率密度関数は

$$f(p) = \frac{1}{\Gamma(\beta)} \alpha\,(\alpha p)^{\beta-1} \exp(-\alpha p) \qquad\qquad (5\text{-}13)$$

と示される．ここで所与の期間内の移動数 m_i がポワソン分布 $P_o(m_i)$ に従うとすると，ガンマ分布はポワソン分布に対して共役な事前分布となるため事後分布もガンマ分布になる．i 市区町村の移動数 M_i が実際に観測された m_i と等しいという仮定の下で，その確率は次の負の 2 項分布

$$P(M_i = m_i \setminus \alpha, \beta) = \frac{\Gamma(\beta + m_i)}{\Gamma(\beta) m_i!} \left(\frac{\alpha}{P_i + \alpha}\right)^{\beta} \left(\frac{m_i}{P_i + \alpha}\right)^{m_i}$$

$$(5\text{-}14)$$

より求められるが，ポワソン分布のパラメータが負の 2 項分布に従うと

きは，パラメータの事後分布もガンマ分布 $G_A(\hat{\alpha} + P_i, \hat{\beta} + m_i)$ に従うからである．故に MO_i のベイズ推定量 $\hat{\theta}_i$ は

$$\hat{\theta}_i = \frac{\hat{\beta} + m_i}{\hat{\alpha} + P_i} \tag{5-15}$$

となる．(4-15) 式におけるパラメータ α と β の最尤推定量 $\hat{\alpha}$, $\hat{\beta}$ は

$$\hat{\alpha} = \frac{K}{V} \qquad \hat{\beta} = \frac{K^2}{V} \tag{5-16}$$

であり，i 市区町村を含む都道府県内の移動率の期待値 K と分散 V は

$$K = \sum_{i=1}^{n} MO_i \cdot \frac{P_i}{P} \qquad V = \sum_{i=1}^{n} \frac{P_i}{P}(MO_i - K)^2 \tag{5-17}$$

である．これは，期待移動数が当該都道府県の人口に占める i 市区町村の人口の相対的な大きさによって求められることを意味する．

以上が市区町村別移動率に対する経験的ベイズ推定の概要である．なお，(5-15) 式からも明らかなように，人口規模が大きい市区町村の場合，$\hat{\theta}_i \to m_i/P_i$ となり実際に観測された移動率に近似するが，人口規模が小さい市区町村の場合，$\hat{\theta}_i \to \hat{\beta}/\hat{\alpha}$ となり移動率の期待値 K（当該都道府県の移動率）に近似することが理解できよう．

4 人口移動の地域統計分析
―― 静岡県の場合 ――

本節では，静岡県の人口移動に関する地域分析を通じて，この章で取り上げた人口移動に関する統計データと統計指標の有効性を例証する．

分析の対象とするのは 2015 年における静岡県内 35 市町の人口移動で，分析目的は純移動率と合計特殊出生率（total fertility rate）との関係，つまり人口移動と少子化の関係である．

　結論を先取りして述べるならば，一般に，都道府県別の地域区分においては，各都道府県の移動率，特に (5-3) 式で定義される純移動率と合計特殊出生率との間に相関関係は認められない．しかしながら，静岡県内の市町別に純移動率を観察すると，ある特定の年齢階級において純移動率と市町別の合計特殊出生率に強い相関関係が示される．そこで以下本節は，この問題について試みた分析結果の概要を示す．

(1) 合計特殊出生率と年齢階級別純移動率の相関分析

　表 5-3 は，2015 年の静岡県内の 35 市町における合計特殊出生率と年齢階級別（5 歳階級別）純移動率の相関行列を示したものである．但し，0 〜 14 歳の計算結果は省いている．また，純移動率については，分母に相当する市町の総人口を「国勢調査」と「住民基本台帳移動報告」を用いてそれぞれ計算した．なお，合計特殊出生率 TFR については，厚生労働省が市区町村別の TFR を「国勢調査」の人口データを使用して 5 年毎に公表しているが，2015 年の TFR については現時点（2018 年 12 月現在）では未公表のため，i 市町の TFR_i は 5 歳階級別女性人口（「国勢調査」の人口データ）を用いて推計した．

　合計特殊出生率の計算には，本来，出産可能と仮定する 15 歳から 49 歳までの各歳別女性人口と各年齢に属する女性が母親として実際に出産した子どもの数のデータが必要である．しかしながら後者の市区町村別統計データは，各歳ではなく 5 歳階級別のデータ（「人口動態統計」厚生労働省）のみが利用可能であるため，この統計データを使って推計した．FP_1 を第 1 年齢階級（15 〜 19 歳）の女性人口，b_1 を第 1 年齢階級の女性

人口が母親として実際に出生した子どもの総数とし，以下同様に第7階
級（45〜49歳）までを範囲とすると，推計式は次のようになる．

$$TFR_i = \sum_{j=1}^{J} \frac{b_j}{FP_j} \times 5 \quad (J = 7) \tag{5-18}$$

表5-3の結果を見ると，「25〜29歳」の純移動率が，総数・男女とも
に0.5を超える強い相関が示されている．これは，合計特殊出生率の低
い市町は純移動率も低く，合計特殊出生率の高い市町は純移動率も高い
ことを意味している．注意を要するのは純移動率の「低さ」にはマイナ
スの数値，つまり流出過多を示す数値が含まれていることである．この
点を確認するために用いたのが図5-3の散布図である．横軸に市町別合

表5-3　2015年の市町別合計特殊出生率と年齢階級別純移動率の相関行列

年齢階級	国勢調査人口			住民基本台帳移動報告人口		
	総　数	男　性	女　性	総　数	男　性	女　性
15〜19歳	0.30	0.41	−0.03	0.30	0.41	−0.04
20〜24歳	0.43	0.36	0.30	0.43	0.36	0.30
25〜29歳	0.66	0.57	0.57	0.65	0.56	0.57
30〜34歳	0.52	0.49	0.39	0.51	0.49	0.39
35〜39歳	−0.13	−0.23	0.00	−0.14	−0.23	−0.01
40〜44歳	0.03	0.25	−0.21	0.03	0.23	−0.21
45〜49歳	−0.34	−0.29	−0.23	−0.35	−0.30	−0.23
50〜54歳	0.23	0.42	−0.08	0.23	0.42	−0.09
55〜59歳	−0.29	−0.13	−0.30	−0.29	−0.13	−0.31
60〜64歳	−0.22	−0.18	−0.20	−0.22	−0.18	−0.20
65〜69歳	−0.07	−0.20	0.15	−0.08	−0.21	0.14
70〜74歳	−0.10	−0.07	−0.11	−0.11	−0.08	−0.11
75〜79歳	−0.06	−0.26	0.12	−0.06	−0.26	0.11
80〜84歳	0.30	0.11	0.29	0.30	0.11	0.29
85〜89歳	0.20	0.23	0.12	0.20	0.22	0.12
90歳以上	0.16	0.33	0.10	0.16	0.33	0.09

（注）2015年の合計特殊出生率は，2015年の「国勢調査」総務省統計局と「人口動態統計」厚生労働省
　　　統計情報部のデータを使用し，静岡大学経済統計学研究室で試算した．

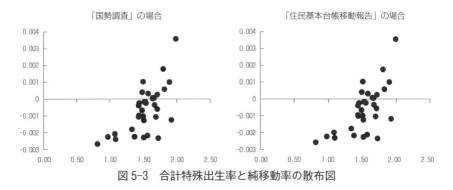

図5-3 合計特殊出生率と純移動率の散布図

計特殊出生率,縦軸に市町別純移動率を示しているが,純移動率がマイナス値の市町が多数存在しており,また両変数の関係がほぼ右上りの線形であることはこの図から明らかである.なお,純移動率にベイズ推定値を用いて相関係数を試算したところ,「国勢調査」人口も「住民基本台帳人口移動報告」人口の場合も0.64となり,実際の数値を用いた場合と同様の結果が得られた.

(2) 静岡県と近隣都道府県間の人口移動分析

前項で検討したように,静岡県内の場合,25～29歳の純移動率は合計特殊出生率と強い相関関係が認められた.表5-4は,2015年の全国と静岡県の母親の年齢階級別出生率(‰)を示したものであるが,この表

表5-4 2015年における母親の年齢階級別出生率

母親の年齢階級		15～19歳	20～24歳	25～29歳	30～34歳	35～39歳	40～44歳	45～49歳
全 国	国勢調査	4.1	30.2	87.1	105.2	57.3	11.2	0.3
	住民基本台帳	4.1	28.6	81.1	99.8	54.2	10.9	0.3
静岡県	国勢調査	3.9	30.7	116.5	125.7	62.7	12.0	0.2
	住民基本台帳	3.7	30.2	91.7	103.6	51.3	9.7	0.3

から 25 〜 29 歳の出生率は 30 〜 34 歳の年齢階級に次いで高いことがわかる．従って，当該世代の流出入は，各市町における合計特殊出生率の格差に影響する一因であると推察される．この点について検討すべき論点は次の 2 つである．

第 1 の論点は合計特殊出生率の定義式から派生する問題である．(5-18) 式からも明らかなように，移動した当該年齢階級における女性人口の出生率が移動前の出生率と同じであれば，合計特殊出生率の変動に作用することはない．それにも拘わらず，当該年齢階級の人口移動と合計特殊出生率にプラスの相関が認められたのであるから，理論的に考えられ得るのは，移動した当該年齢の女性人口における出生率が移動前の出生率と異なるということである．具体的に述べると，合計特殊出生率が低く純移動率がマイナスの市町では移動（流出）した女性人口の出生率が移動前の出生率より高く，逆に合計特殊出生率が高く純移動率がプラスの市町では移動（流入）した女性人口の出生率が移動前の出生率より高いことが推測される．恐らく移動した女性人口の有配偶率が合計特殊出生率の高低に関係していると考えられるが，それは男性の 25 〜 29 歳と 30 〜 34 歳における純移動率と合計特殊出生率にも高い相関が認めることからも傍証できよう（表 5-3 参照）．しかしながら「住民基本台帳移動報告」の純移動数のデータからそれを確証することはできないのでここではあくまでそうした推論が成り立ち得るという指摘に留める．

第 2 の論点は県外移動率の影響である．基本的に合計特殊出生率と相関のある当該年齢階級の女性人口の移動が県内移動だけであれば，静岡県全体の合計特殊出生率に影響を与えることはない．しかしながら，この女性人口の多くが県外へ流出していくことになると，それは市町のみならず県全体の合計特殊出生率にも影響を与えることになる．そこでこの点を明らかにするため，静岡県とその近隣諸県並びに東京都との人口

表 5-5　2015 年の静岡県と近隣都道府県における人口移動

| 地域 | 流出数 | 構成比 | 流入数 | 構成比 | 粗交流率 | 純交流率 | 移動選択指数 | | 移動効果指数 |
							流出	流入	
東京都	12142	21%	8735	17%	1.26	−0.21	173.01	124.46	0.16
神奈川県	9490	17%	7402	15%	1.33	−0.16	194.58	151.77	0.12
山梨県	944	2%	1081	2%	0.44	0.03	205.73	235.59	0.07
長野県	893	2%	944	2%	0.31	−0.01	77.35	81.77	0.03
愛知県	8657	15%	7842	15%	1.50	−0.07	217.72	197.22	0.05
その他の府県	24719	43%	24635	49%					
県外移動総数	56845	100%	50639	100%					
県外移動総数	56845	44%	50639	41%					
県内移動総数	71424	56%	71424	59%					
県総移動数	128269	100%	122063	100%					

(注) 本表 5-5 〜表 5-7 において交流率と移動選択指数で使用する人口数は，2015 年の「住民基本台帳移動報告」総務省統計のデータを使用した．また，交流率については $k = 1000$，移動選択指数については $k = 100$，移動効果指数については $k = 1$ をそれぞれ使用して算出した．

移動について検討してみよう．なお，データは 2015 年の「住民基本台帳移動報告」を使用することとする．

　表 5-5 は，静岡県と近隣都道府県の流出数並びに流入数の概要をまとめたものである．これによると，4 割以上が県外移動であり，その内東京都への移動が流出，流入ともに最も多く，それに次いで神奈川県と愛知県がほぼ同様の移動数を示している．それに対して，山梨県と長野県の移動数は非常に少ないが，山梨県については移動選択指数が高く（特に流入の移動選択指数），人口規模を考慮すると山梨県と静岡県は選択性が高い地域であることがわかる．逆に，長野県については，移動選択指数が 100 を下回っており，長野県と静岡県は選択性が低い地域であることが示されている．

　次に，年齢階級別の人口移動について検討してみよう．図 5-4 は，年

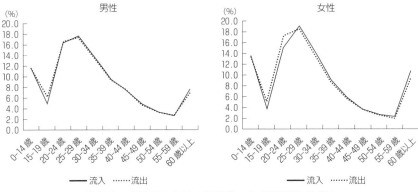

図 5-4 静岡県における移動数の年齢階級別構成比

齢階級別に見た静岡県の流出数と流入数（県内移動と県外移動を含む）を構成比で比べた折れ線グラフであるが，男女ともに 25 ～ 29 歳の移動数が最も多いことがわかる．流出と流入の分布を比べてみると，男性についてはほぼ同一であるが，女性については 20 ～ 24 歳の構成比に差が認められる．これは，学齢期の女性が大学進学等で大都市圏への流出した後，就職期にそのまま大都市圏で就職し，その際に住民票の移動が発生した結果生じたものと推測される．本書別章でも検討しているように，静岡県における当該年齢階級の女性は男性に比べて所謂 U ターン就職率が低いからである．

静岡県では 25 ～ 29 歳の移動数が最も多いことが確認できたので，この年齢階級における近隣都道府県間の移動について更に検討してみよう．**表 5-6** は，静岡県と近隣都道府県における 20 ～ 29 歳の移動数の概要をまとめたものである．移動先も含めた年齢階級別移動数は，専ら 10 歳階級別の集計データだけが「住民基本台帳移動報告」の「参考表」として利用可能であるため，本節でもこのデータを使用しているが，図 5-4 からも明らかなように，20 ～ 24 歳の移動数は男女ともに 25 ～ 29 歳の

表 5-6　2015 年の静岡県と近隣都道府県における 20 ～ 29 歳の人口移動 (総数)

地域	流出数	構成比	流入数	構成比	粗交流率	純交流率	移動選択指数		移動効果指数
							流出	流入	
東京都	5898	27%	3201	17%	4.90	−1.45	204.76	111.13	0.30
神奈川県	3881	18%	2531	13%	4.97	−1.05	216.63	141.28	0.21
山梨県	290	1%	442	2%	1.68	0.35	185.22	282.30	0.21
長野県	269	1%	299	2%	1.05	−0.06	74.71	83.04	0.05
愛知県	3377	15%	3046	16%	5.62	−0.29	223.31	201.43	0.05
その他の府県	8199	37%	9335	50%					
県外移動総数	21914	100%	18854	100%					
県外移動総数	21914	49%	18854	45%					
県内移動総数	22673	51%	22673	55%					
総移動数	44587	100%	41527	100%					

移動量に次いで多いので，**表 5-6** のように 10 歳階級別で見ると，20 ～ 29 歳における移動数はすべての年齢階級の中で最も多いことになる．

表 5-6 の結果を**表 5-5** の結果と比較してみると，例えば，移動選択指数においては山梨県が静岡県と最も選択性の高い地域であることが示されており，各統計指標の順位は大きく変化していない．しかしながら，交流率，移動効果指数の数値は**表 5-6** の全年齢よりもほとんどの地域で絶対値が大きくなっており，この年齢階級の移動数が静岡県全体の移動数の動向を左右していることがわかる．特に東京都については，流出の構成比が高く，且つ移動効果指数や人口規模を考慮した純交流率が他の地域に比べて高いことから，静岡県と東京都の人口移動に顕著な不均衡（流出過多）があることは明らかである．同じ大都市圏でも愛知県は移動効果指数や純交流率の数値が比較的低く，不均衡（流出過多）がそれほど大きくないことに比べると東京都の場合は対照的である．

最後に，合計特殊出生率との関係から，女性の 20 ～ 29 歳の移動につ

第 5 章　人口移動の統計　　*83*

表 5-7　2015 年の静岡県と近隣都道府県における 20 〜 29 歳の人口移動（女性）

地域	流出数	構成比	流入数	構成比	粗交流率	純交流率	移動選択指数		移動効果指数
							流出	流入	
東京都	2890	30%	1320	18%	4.64	−1.73	227.73	104.02	0.37
神奈川県	1755	18%	1016	14%	4.48	−1.20	227.54	131.72	0.27
山梨県	119	1%	178	2%	1.43	0.28	176.30	263.71	0.20
長野県	115	1%	144	2%	1.00	−0.11	73.50	92.03	0.11
愛知県	1457	15%	1244	17%	5.00	−0.39	228.32	194.94	0.08
その他の府県	3287	34%	3446	47%					
県外移動総数	9623	100%	7348	100%					
県外移動総数	9623	46%	7348	40%					
県内移動総数	11230	54%	11230	60%					
総移動数	20853	100%	18578	100%					

いて検討してみよう．**表 5-7** は静岡県と近隣都道府県における 20 〜 29
歳の移動数の概要をまとめたものである．この表から明らかなことは，
表 5-6 の当該年齢階級における総数に比べて更に東京への流出の集中傾
向が強くなっていることである．逆に言うと男性は女性に比べてその傾
向が相対的に弱いことになる．東京都への流出数の構成比，純移動交流
率，移動効果指数のすべての数値で，**表 5-6** の数値（絶対値）を上回って
おり，当該年齢階級における女性の東京指向がはっきりと示されている．
繰り返しになるが，**表 5-4** で示したように，この年齢階級の純移動率は
合計特殊出生率と強い相関関係がある．静岡県内各市町における合計特
殊出生率低下の対処には，この年齢階級における純移動率をプラスに転
じさせる施策を検討することも必要となろう．そのためには，当該年齢
階級における女性の東京移動の集中傾向を緩和させる措置が不可欠であ
るというのが本節の分析から得られた結論である．

おわりに

　以上，本章では，人口移動の統計データと主要な統計指標を取り上げ，静岡県の人口移動に関する統計分析を通じて，それらの有効性や利用上の留意点等を明らかにした．主な論点をまとめると次のようになろう．

　第1に，日本における人口移動の統計データは，基本的には総務省統計局が作成・公表している「住民基本台帳移動報告」が唯一のデータソースであること述べた．「国勢調査」に含まれている人口移動の統計データは，5年前に居住していた地域を示すものであり，月単位あるいは年単位の移動を把握することができないことに留意すべきである．

　第2に，「住民基本台帳移動報告」の統計データは業務統計のため，この作成方法から生じるいくつかの問題があることを指摘した．例えば，住民票は移動せずに居住地を移動している場合は人口移動のデータには反映されないことは明らかである．

　第3に，移動率，交流率，移動選択指数等の統計指標を算出するには，地域や全国の人口数を示すデータが必要となるが，これには「住民基本台帳移動報告」と「国勢調査」の2つのデータソースがあることを論じた．両者は業務統計と調査統計という異なる性質の公的統計であり，従って，人口把握の方法論も異なり数値に乖離があることは留意すべきである．

　第4に，人口規模の小さい地域の移動率は，僅かな移動数の変動が移動率に対して大きな変動を与えることなるため，人口規模の大きい地域の移動率と単純に比較できない場合がある（特に時系列での比較）．こうした影響を調整するためにしばしば経験的ベイズ推定値を用いる場合があり，その計算方法について述べた．

第5に，本章で取り上げた人口移動の統計データと統計指標を利用して，静岡県と近隣都道府県の人口移動分析を試みた．分析の過程では，移動の統計データは公的統計であるため集計区分に制約があり，それ故に精緻な分析を展開することができない場合もあったが，データの集計区分を道府県全域から総数，男女別，特定の年齢階級別へと絞り込んでいくことで人口移動の傾向や特徴をある程度把握できることを示した．

　一口に人口移動の分析といってもさまざまな課題やアプローチがある．しかしながら，使用する統計データの検討と基本的な統計指標による記述的な分析は，人口移動をめぐるデータ解析の第一歩である．本書ではそのことの重要性を併せて明らかにした．

参考文献

石川義孝編［2007］『人口減少と地域──地理学的アプローチ──』京都大学学術出版会．

上藤一郎［2016］「労働の域内移動」，山下隆之編『地域経済分析ハンドブック──静岡モデルから学ぶ地方創生──』晃洋書房，pp. 103-19.

上藤一郎・森本栄一・常包昌宏・田浦元［2013］『調査と分析のための統計──社会・経済のデータサイエンス──』丸善．

大友篤［2002］『地域人口分析の方法──国勢調査データの利用の仕方──』日本統計協会．

岡崎陽一［1993］『人口分析ハンドブック』古今書院．

総務省統計局［2018a］「平成27年国勢調査の概要」（http://www.stat.go.jp/data/kokusei/2015/gaiyou.html，2018年12月23日現在）．

総務省統計局［2018b］「住民基本台帳人口移動報告の概要，集計結果等」（http://www.stat.go.jp/data/idou/index2.html#gaiyou，2018年12月23日現在）．

丹後俊郎［2000］『統計モデル入門』朝倉書店．

松原望［2010］『ベイズ統計学概説』培風館．

第6章

都市の階層構造と人口移動

ラベンスタインの移動の法則の（2）番と（8）番にあるように，産業革命以降，農村から都市への人口移動が大規模に起こり，地域ごとに中心となる都市が出てきた．日本でも，明治時代に入ると，都市周辺部の県から大都市への人口移動が活発となった［高橋 2006］．

クリスターラー（Walter Christaller, 1893-1969）は，南ドイツの市町の空間分布を観察し，財やサービスの到達距離に応じて，空間的な市場区域に階層構造がみられることを示した．その中心地理論（central place theory）によると，各都市は最上位の都市から最下位の都市まで整然と階層別に分けられ，下位の都市はただ1つの上位都市にのみ従うことになる．日本の都市間の関係をみても，行政機関の配置に東京・広域中心都市・県庁所在都市といった階層性がみられ[1]，企業の本店・支店関係についてもクリスターラー型の階層性がみられる．一般的には，日本の都市システムの階層構造を図 6-1 のように表すことができる[2]．

本章では，都市の階層構造の中での人口移動の様相を明らかにするとともに，その階層性における県庁所在都市の機能を探る．

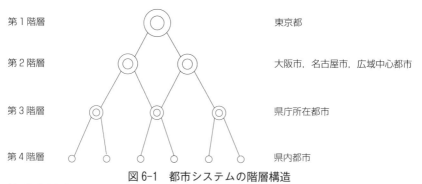

図 6-1　都市システムの階層構造

（出所）筆者作成．

1 階層構造に従った人口移動

各階層の人口移動は，重力モデルにより分析する．

$$\ln M_{ij} = \beta_0 + \beta_1 \ln P_i + \beta_2 \ln P_j - \beta_3 \ln D_{ij} \qquad (6\text{-}1)$$

ここで，M_{ij}は地域iから地域jへの移動者数，P_iは地域iの人口，P_jは地域jの人口，D_{ij}は両地域間の距離である．移動者数と人口は，人口移動集計のある1990年，2000年，2010年，2015年の国勢調査を使った．県庁所在市間の距離 (km) は国土地理院の都道府県庁間の距離データを利用した[3]．県庁所在市と各市町村間の距離は地図ソフトから得た[4]．

図6-1における第2階層から第1階層への移動は，表6-1のような推計結果を得た．係数の下の括弧内はt値，R^2_{adj}は自由度修正済み決定係数である．

データが6都市分と少ないため，1990年から2015年までをパネル化して分析を行った．β_1の符号はプラスであり，広域中心都市の人口が1％増えると移動数は約0.6％増えることを意味する[5]．また，β_2の値は東京都の人口が1％増えると東京都への移動数が2.3％増えることを意味しており，東京都の吸引力には規模の経済性が関わっていることが窺える．β_3は移動距離による抵抗を意味するが，広域中心都市と東京都の

表6-1　広域中心都市から東京への移動（総数, $n = 24$）

年	β_0	β_1	β_2	β_3	R^2_{adj}
1990～2015	40.335 (2.515)	0.586 (9.402)	2.321 (2.356)	0.166 (1.727)	0.819

(出所) 山下・塚本 [2018].

表 6-2　県庁所在市から広域中心都市への移動（総数，$n = 240$）

年	β_0	β_1	β_2	β_3	R^2_{adj}
1990	−8.068 (−5.574)	1.058 (13.679)	0.498 (7.963)	1.085 (18.241)	0.744
2000	−8.518 (−6.039)	1.062 (14.649)	0.512 (8.067)	1.072 (19.335)	0.763
2010	−9.574 (−7.194)	1.066 (16.421)	0.559 (9.204)	1.057 (20.583)	0.788
2015	−8.678 (−6.528)	0.943 (12.544)	0.597 (7.916)	1.002 (18.212)	0.752

（出所）山下・塚本［2018］.

間の抵抗力は弱い．本章で距離変数は地図上の距離（km）で測ったが，広域中心都市と東京都の距離は交通機関による時間距離を反映しているのかもしれない．

　第 3 階層から第 2 階層への移動に関しては，次のような結果を得た．

　県庁所在市（40 市）から広域中心都市への移動では，県庁所在市側の β_1 は 1 の近傍にあるが，中心地側の β_2 は 0.5 前後で，この移動に対する広域中心都市の人口規模による影響は小さい（**表 6-2** 参照）．

　第 4 階層から第 3 階層への移動に関して，事前に各県ごとに分析を行ったところ，β_1 は 1 前後のものが多かったが（単純平均で 0.980），β_3 はばらつきが多かった．離島の有無，道路，鉄道など，地形や交通状況の違いによる影響が大きいものと考えられる．そこで，2015 年に絞り一括して分析を行った（**表 6-3** 参照）．

　以上から，都市システムの階層構造に従って地方から東京都に向かう移動の流れは安定した動きをしていることが分かった．

表 6-3　県内から県庁所在市への移動 (総数, $n = 1239$)

年	β_0	β_1	β_2	β_3	R^2_{adj}
2015	−2.544 (−4.999)	0.903 (45.500)	0.0318 (0.832)	0.444 (13.272)	0.726

(出所) 山下・塚本 [2018].

2　階層構造に従わない人口移動

　少子高齢化の進む日本では，とりわけ地方圏において大幅な人口減少が予想されている．人口減少とそれに伴う経済停滞に対処するため，東京圏への人口流出を食い止め，さらには地方圏への人の流れを創出する「人口のダム」が近年構想されている．総務省により 2008 (平成 20) 年 12 月 26 日に制定された「定住自立圏構想推進要綱」にあっては，「地方圏から三大都市圏への人口流出を食い止める」(p.1) ために，一定規模の人口を持つ都市を中心とした広域都市圏の創出が提案され，地方創生をめぐる政策的な動きの中で議論が続いている．こうした構想の拠点都市として期待されているのが，県庁所在都市である．そこで，県庁所在都市からの人口流出の問題を考えてみよう．

　表 6-1 の β_1 値を見る限り，居住者を流出させる要因は少なく，広域中心都市は「人口のダム」として一定の機能を果たしているように考えられる．それでは，どこから東京都へ人口が移動しているのだろうか．

　表 6-4 は，移動人口の目的地別の内訳を男女別に示している．第 4 階層 (県庁所在都市を除く県内市町) においては，上位の第 3 階層 (県庁所在都市) へという都市システムの階層性に従った移動の割合が増えている．しかし，第 3 階層においては，階層性に沿った第 2 階層 (広域中心都市)

表 6-4 県庁所在市と県（県庁所在市を除く）からの目的地別移動割合

		県庁所在市 (40市)			県 (県庁所在市を除く)		
		東京都への移動	広域中心都市への移動	その他への移動	東京都への移動	県庁所在市への移動	その他への移動
男性	1990	0.162	0.187	0.652	0.179	0.185	0.636
	2000	0.132	0.183	0.685	0.184	0.164	0.652
	2010	0.157	0.179	0.664	0.159	0.174	0.667
	2015	0.163	0.193	0.644	0.163	0.173	0.664
女性	1990	0.168	0.188	0.644	0.189	0.174	0.637
	2000	0.173	0.187	0.640	0.196	0.249	0.555
	2010	0.177	0.186	0.637	0.184	0.253	0.562
	2015	0.186	0.207	0.607	0.190	0.248	0.562

（出所）「国勢調査」から筆者作成.

への移動割合が増えるのと同時に，第1階層（東京都）への直接的な移動割合が増えている．そして，第1階層への移動は女性において増えていることが分かる．

図 6-2 は，第2階層を経ない移動を示している[7]．このバイパス・ルートの分析結果は，次のようになった（**表 6-5**，**表 6-6** 参照）．

現住地人口が移動を押し出す力を示す β_1 は男女ともに上昇傾向にあり，

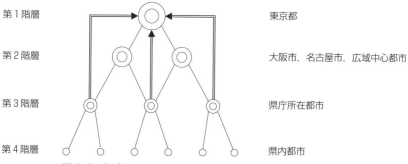

図 6-2　都市システムの階層構造と第1階層へのバイパス
（出所）筆者作成.

94

表 6-5 県庁所在市から東京都への移動（男性，$n = 40$）

年	β_0	β_1	β_2	β_3	R^2_{adj}
1990	0.0477 (0.029)	0.764 (6.398)	—	0.247 (3.063)	0.616
2000	−2.091 (−1.987)	0.966 (12.725)	—	0.335 (6.795)	0.886
2010	−3.209 (−3.005)	1.017 (13.647)	—	0.303 (6.130)	0.904
2015	−4.055 (−3.801)	1.069 (14.374)	—	0.291 (6.028)	0.911

(注) β_2 は東京都の人口の係数で，標本値が一定のため理論的には 0 となる．統計処理上は計算不可能となるため表のような表記とした．
(出所) 山下・塚本 [2018].

表 6-6 県庁所在市から東京都への移動（女性，$n = 40$）

年	β_0	β_1	β_2	β_3	R^2_{adj}
1990	0.349 (0.191)	0.743 (5.508)	—	0.320 (3.586)	0.574
2000	−1.849 (−1.443)	0.957 (10.272)	—	0.409 (6.873)	0.846
2010	−3.302 (−2.641)	1.031 (11.722)	—	0.352 (6.129)	0.875
2015	−3.807 (−3.000)	1.064 (11.931)	—	0.356 (6.270)	0.880

(出所) 山下・塚本 [2018].

階層的な経路を経ずに東京都へ直接移動する傾向が強くなっていることがわかる．また，移動距離による妨げを意味する β_3 は女性の方が高いが，これはラベンスタインの法則（9）の考察と整合的である．

比較のために，性別の第 3 階層から第 2 階層への移動は表 6-7 のようになる．距離による抵抗力は，県庁所在市から広域中心都市へのものより，県庁所在市から東京都への方が小さいことが分かる．

表 6-7 県庁所在市から広域中心都市への移動 (n = 240)

年		β_0	β_1	β_2	β_3	R^2_{adj}
1990	男性	−7.048 (−5.261)	1.051 (14.071)	0.472 (7.740)	1.081 (18.617)	0.751
	女性	−8.606 (−5.788)	1.069 (12.780)	0.540 (8.069)	1.095 (17.201)	0.724
2000	男性	−7.653 (−5.830)	1.067 (15.172)	0.481 (7.727)	1.055 (19.384)	0.766
	女性	−8.820 (−6.191)	1.058 (13.737)	0.559 (8.347)	1.095 (18.770)	0.751
2010	男性	−7.940 (−6.338)	1.066 (16.272)	0.478 (7.876)	1.036 (20.070)	0.779
	女性	−9.825 (−7.385)	1.028 (15.488)	0.634 (9.999)	1.087 (20.235)	0.780
2015	男性	−8.766 (−6.639)	1.110 (16.010)	0.466 (7.353)	0.973 (18.197)	0.757
	女性	−10.383 (−7.100)	1.096 (14.181)	0.587 (8.442)	1.023 (17.540)	0.740

3 女性人口の東京一極集中

　それでは，なぜ女性は東京都へ移動する傾向を強めているのだろうか．表 6-8 は，全国と東京都の就業状態を比較したものである．東京都の特徴として，第 3 次産業に就業する人の割合が高い．このことが女性人口の国内移動に影響している可能性がある．

　産業構造の違いによる影響をみるため，修正重力モデル (modified gravity model) を利用する[8]．就業における第 3 次産業の割合が人口移動に影響を与えるものと考え，(6-1) 式に変数を追加した次式を使う．

表 6-8 産業別就業者割合 (2015)

(%)

	全 国		東京都	
	男 性	女 性	男 性	女 性
第1次産業	4.10	3.35	0.48	0.27
第2次産業	31.11	14.05	19.97	9.38
第3次産業	59.41	77.26	67.46	78.12
分類不能の産業	5.39	5.34	12.09	12.23

(出所)「国勢調査」から筆者作成.

$$\ln M_{ij} = \beta_0 + \beta_1 \ln(P_i) + \beta_2 \ln(P_j) - \beta_3 \ln(D_{ij}) + \beta_4 \ln(T_i)$$
$$+ \beta_5 \ln(S_i) \tag{6-2}$$

ここで，T_i は地域 i における総就業者に占める第3次産業就業者の割合であり，S_i は地域 i における総就業者に占める製造業就業者の割合であ

表 6-9 県庁所在市から東京都への移動 (男性, $n = 40$)

年	β_0	β_1	β_2	β_3	β_4	β_5	R^2_{adj}
1990	2.388 (1.420)	0.725 (6.618)	—	0.376 (4.395)	2.870 (2.936)	—	0.682
	−0.354 (−0.231)	0.773 (6.913)	—	0.376 (4.103)	—	−0.567 (−2.486)	0.664
2000	0.257 (0.284)	0.910 (15.676)	—	0.440 (10.509)	3.009 (5.414)	—	0.935
	−3.215 (−3.746)	1.008 (16.733)	—	0.389 (9.655)	—	−0.448 (−4.892)	0.930
2010	−0.524 (−0.529)	0.922 (15.086)	—	0.395 (9.251)	3.158 (4.990)	—	0.942
	−3.375 (−4.094)	0.987 (17.065)	—	0.413 (9.435)	—	−0.547 (−5.116)	0.943
2015	−1.380 (−1.339)	0.953 (14.721)	—	0.363 (8.711)	3.139 (4.648)	—	0.943
	−4.267 (−5.356)	1.033 (18.486)	—	0.386 (9.674)	—	−0.555 (−5.522)	0.951

表6-10　県庁所在市から東京都への移動（女性，$n = 40$）

年	β_0	β_1	β_2	β_3	β_4	β_5	Adj.R^2
1990	3.367 (1.857)	0.691 (5.806)	—	0.485 (5.315)	3.680 (3.502)	—	0.674
	−0.224 (−0.139)	0.756 (6.349)	—	0.506 (5.268)	—	−0.813 (−3.386)	0.668
2000	1.112 (1.040)	0.886 (12.798)	—	0.540 (10.984)	3.811 (5.750)	—	0.917
	−3.289 (−3.210)	1.013 (13.972)	—	0.478 (10.023)	—	−0.567 (−5.149)	0.909
2010	0.0686 (0.061)	0.911 (13.091)	—	0.464 (9.728)	3.958 (5.458)	—	0.930
	−3.512 (−3.981)	0.990 (15.870)	—	0.496 (10.629)	—	−0.720 (−6.201)	0.938
2015	−0.669 (−0.532)	0.926 (11.663)	—	0.437 (8.752)	3.672 (4.406)	—	0.920
	−4.053 (−4.434)	1.017 (15.725)	—	0.475 (10.443)	—	−0.697 (−5.957)	0.938

る．変数 T_i と S_i の間には相関があり，多重共線性の問題を避けるため，それぞれ独立させて推計した．分析結果は以下の通りである（**表6-9**，**表6-10** 参照）．

　第3階層から東京都への人口移動では，出発地の第3次産業比率の上昇が移動にプラスに働いている．すなわち，県庁所在市のサービス経済化が進めば進むほどに東京都への流出が進む関係がある．

　ラベンスタインが「移動の法則」を考察した19世紀の英国では，「（女性の）移動者の大部分は家事奉公（domestic service）を求めてきた」が，同時に「店や工場での雇用を見つけることを望んで」いた［Ravenstein 1885: 197］．現代日本の女性も第3次産業に就業する傾向が高いが，β_4 値が男性と比べて女性の方が大きいことは，第3次産業では人口移動が容

易であることを示唆してはいないだろうか．第3次産業が伸びるほど移動が増えるのである．

他方，出発地における製造業比率は逆の方向を示している．製造業には人口移動を減じる傾向がある．製造業には地域固有の資源活用や企業固有の技術がある．このことが，地域人口にはプラスに働いていると考えられる．

おわりに

近年，人口の国内移動では女性の移動，とりわけ女性の都市への移動が活発化している．林［2016］は，その理由を女性の高学歴化と活躍の場に求めている．しかし，我々の分析では，出身地の産業構造の変化が深く関わっていることが示された．

製造業は国内人口移動を抑制するが，第3次産業は人口移動を後押しする．「人口のダム」の中心となる都市には，人口流出を抑制する産業の発展が必要である．

観光立国や地方活性化等の旗印の下で，第3次産業中心の成長戦略の議論が盛んであるが，それらが人口流出の引き金となる可能性に留意する必要がある．

注
1）1969（昭和44）年策定の新全国総合開発計画（新全総，二全総）では，札幌都市圏，仙台都市圏，広島都市圏，福岡・北九州都市圏（福岡都市圏および北九州都市圏）の4つの都市圏が，三大都市圏（東京圏，大阪圏，名古屋圏）に次ぐ「地方中枢都市圏」とされた．地方中枢都市圏から行政と経済の中枢管理機能に劣る北九州市を除いた，札幌市，仙台市，広島市，福岡市の4市を地理学では「広域中心都市」と呼ぶ．

2) 日本の階層構造の枠組みとしては，森川［2016］等を参考にしながら，筆者が作成した.

3) http://www.gsi.go.jp/KOKUJYOHO/kenchokan.html

4) Mapion キョリ測（https://www.mapion.co.jp/route/contents/about.html）.

5) β_1 は人口 P_i の弾力性（elasticity）である．(6-1) 式の両辺を $\ln P_i$ で微分すると次のようになる.

$$\frac{\partial \ln M_{ij}}{\partial \ln P_i} = \frac{\partial M_{ij}/M_{ij}}{\partial P_i/P_i} = \beta_1$$

6) http://www.soumu.go.jp/main_content/000524541.pdf（2018 年 12 月 31 日閲覧）.

7) ラベンスタインの法則（2）のような段階的な国内人口移動は，日本では必ずしも適合しないという説もある［大友 1997：152］.

8) (6-1) 式の基本的な重力モデルに，移動の意思決定に関する諸変数を追加したモデルを "modified gravity model" や "extended gravity model" と呼ぶ［Greenwood 2016：33］．所得，失業率，都市化の程度，気候等が追加変数として用いられる．本章の分析では，目的地に関する変数の値が一定であることから，出発地に関する変数のみを追加した.

参考文献

Christaller, W.［1933］*Die zentralen Orte in Süddeutschland*, Jena: Gustav Fischer（江沢譲爾訳『都市の立地と発展』大明堂，1969 年）.

Greenwood, M. J.［2016］"Perspectives on Migration Theory - Economics," in White, M. J. ed., *International Handbook of Migration and Population Distribution*, New York: Springer, pp. 31-40.

Ravenstein, E. G.,［1885］"The Laws of Migration," *Journal of the Statistical Society*, 48(2), pp. 167-235.

大友篤［1997］『改訂版 地域分析入門』東洋経済新報社.

高橋眞一［2006］「明治前期の地域人口動態と人口移動」『国民経済雑誌』194(5)，pp. 31-46.

林玲子［2016］「地方消滅のカギを握る女性性と移動「若年女性の都市集中」の分析」『読売クォータリー』2016 冬号，pp. 70-78

増田寛也編著［2014］『地方消滅——東京一極集中が招く人口急減——』中央公論新社

森川洋［1985］「人口移動からみたわが国の都市システム」『人文地理』37(1)，
　　pp. 20-38.
―――［2016］「2010 年の人口移動からみた日本の都市システムと地域政策」
　　『人文地理』68(1)，pp. 22-43.
山下隆之・塚本隆士［2018］「日本のクリスタラー型人口構造における近年の人
　　口の移動状況と地方中心都市への人口集中による人口減少の加速化」日本経
　　済政策学会第 51 回中部地方大会報告論文.

第 7 章

シフト・シェア分析からみる女性の就業傾向

第7章 シフト・シェア分析からみる女性の就業傾向　　*103*

　地域間の所得格差がなぜ生じるのかという問いに対して，地域間の産業構造の違いが指摘されることが多い．産業構造において，成長産業が占める割合の大きな地域であれば地域の成長率が高いのは当然であり，逆に衰退産業を抱えている地域の成長率は低くなる．しかしながら，産業構造に差がみられなくても，地域固有の条件によっては成長率に差が生じる．地域の経済成長を産業構造によって説明できる部分と説明できない部分に分ける手法として，シフト・シェア分析 (shift and share analysis) がある．本章では，人口移動の背景にある要因を雇用環境面からより詳しく把握するため，「国勢調査」のデータを用いたシフト・シェア分析によって，従業者数の変化とその要因を考察する．

1　シフト・シェア分析

　シフト・シェア分析では，地域経済の成長が国民経済の成長から乖離する要因について，その地域の産業構成によって説明できる部分と説明できない部分（すなわち地域要因）とに要約し，その2つの指標が，地域の経済成長にそれぞれどの程度影響しているかを分析する．
　地域経済の成長と国民経済の成長との乖離をシフト (shift) と呼ぶ．地域経済の成長を測る指標として就業者数をとりあげよう[1]．産業部門 i における地域の就業者数を e_i，全国の就業者数を E_i とする．E は全国レベルの総就業者数である．右上の添え字 0，t はそれぞれ基準時点，比較時点を示すものとする．地域の雇用の変化は，

$$\sum_{i=1}^{n} e_i^t - \sum_{i=1}^{n} e_i^0 \tag{7-1}$$

である．Dunn［1960］によると，地域の雇用の増加は，全国と同じ成長

率であった場合の雇用の増加と乖離する．もしも全国と同じ成長率であった場合に，当該地域の雇用の全国比率（share of total employment）は変わらない．(7-1) 式は，

$$\sum_{i=1}^{n} e_i^t - \sum_{i=1}^{n} e_i^0 = \left(\frac{E^t}{E^0} \sum_{i=1}^{n} e_i^0 - \sum_{i=1}^{n} e_i^0 \right) + \left(\sum_{i=1}^{n} e_i^t - \frac{E^t}{E^0} \sum_{i=1}^{n} e_i^0 \right)$$
$$= \left(\frac{E^t}{E^0} - 1 \right) \sum_{i=1}^{n} e_i^0 + \left(\sum_{i=1}^{n} e_i^t - \frac{E^t}{E^0} \sum_{i=1}^{n} e_i^0 \right)$$

(7-2)

と書き換えることができ，(7-1) 式の第 1 項は当該地域の就業者が全国の総就業者数と同じ率で成長したならば増加したであろう変化量を意味し，これを国民経済全体に占める地域のシェア（share）と考える．この仮説値からの乖離を示す 2 番目の括弧内の式が，シェアからのシフトを表す．

シフトが正値であるということはその地域が全国平均以上に成長したということであり，逆にシフトが負値であるということはその地域の成長が全国平均を下回ったということである．

地域経済の成長を国民経済のそれから乖離させるシフトの要因は数多く考えられるが，それらは 2 つに要約される．

$$\sum_{i=1}^{n} e_i^t - \frac{E^t}{E^0} \sum_{i=1}^{n} e_i^0 = \sum_{i=1}^{n} \left(e_i^t - \frac{E_i^t}{E_i^0} e_i^0 \right) + \sum_{i=1}^{n} \left(\frac{E_i^t}{E_i^0} - \frac{E^t}{E^0} \right) e_i^0$$

(7-3)

(7-3) 式の右辺第 1 項は，当該地域における各産業部門の変化の効果を意味し，差異シフト（differential shift）または地域特殊要因（local share effect）と呼ばれる．第 2 項は，全国における特定産業部門の変化の効果を意味し，比例シフト（proportionality shift）または産業構造要因（industry mix effect)と呼ばれる[2].

(7-2) 式と (7-3) 式から,地域の就業者数の変化は,

$$\sum_{i=1}^{n}e_i^t - \sum_{i=1}^{n}e_i^0 = \sum_{i=1}^{n}e_i^0\left(\frac{E^t}{E^0}-1\right) + \sum_{i=1}^{n}\left(e_i^t - \frac{E_i^t}{E_i^0}e_i^0\right) + \sum_{i=1}^{n}e_i^0\left(\frac{E_i^t}{E_i^0}-\frac{E^t}{E^0}\right)$$

(7-4)

となり,全国成長要因,差異シフト（地域特殊要因）,比例シフト（産業構造要因）の3つの要因から地域経済の成長が説明されることがわかる.

(7-4) 式の右辺第1項は,国民経済と同じ産業構成である場合の地域の成長を意味している.これに対して,右辺第2項は,地域の各産業の成長率と全国レベルの同じ産業の成長率との間に地域間格差があることから生じる就業者の変化量を示している.これには,立地条件の良し悪し等,何らかの地域独自の要因が関係していると考えられる.右辺第3項は,地域の産業構成が全国レベルの産業構成と異なるために生じる就業者の変化量を示している.地域によっては,成長産業に特化している場合もあれば,停滞ないし衰退産業に特化している場合もあるが,前者の場合に第3項は正の値をとり,後者の場合は負の値をとる.

2 相対的シフト・シェア分析

地域間で異なる各要因の影響の大きさを比較可能にするためには,変化率で各要因を捉える必要がある.地域の成長率を求めるため (7-4) 式の両辺を $\sum_{i=1}^{n}e_i^0$ で除すと,次の式が得られる.

$$\frac{\sum\limits_{i=1}^{n} e_i^t - \sum\limits_{i=1}^{n} e_i^0}{\sum\limits_{i=1}^{n} e_i^0} = \left(\frac{E^t}{E^0} - 1\right) + \frac{\sum\limits_{i=1}^{n}\left(e_i^t - \frac{E_i^t}{E_i^0}e_i^0\right)}{\sum\limits_{i=1}^{n} e_i^0} + \frac{\sum\limits_{i=1}^{n} e_i^0\left(\frac{E_i^t}{E_i^0} - \frac{E^t}{E^0}\right)}{\sum\limits_{i=1}^{n} e_i^0}$$

$$(7\text{-}5)$$

すなわち,

地域の成長率＝全国成長率＋相対的差異シフト（RS_d）

＋相対的比例シフト（RS_p）

という関係を得る.

3　地域経済の機能

　国民経済全体でみると成長産業があれば衰退産業もあり，また産業構成は地域ごとに異なっている．(7-4) 式における相対的シフトが正の値であるということは，その地域が全国平均以上の成長をしたということである．Dunn［1960］は差異シフトと比例シフトがシフト全体に与える影響を6つに区分したが，本章ではブードヴィル［Boudevill 1966］に従い **表7-1** の組み合わせを得る.

　タイプ1〜4の地域は全国平均以上の成長をしている地域であり，他方，タイプ5〜8は全国平均以下の成長をしている地域である．タイプ5の地域の低い成長が地域要因に起因しているのに対して，タイプ6の地域の低い成長はその産業構成に起因する．衰退産業の占める割合が全国平均よりも大きいためにタイプ6の地域は経済構造が弱い．タイプ5では成長産業への特化がみられるものの，地域特有のインフラあるいは他の環境要因が経済成長にマイナスに働いていると考えられる．適切な

表 7-1　シフトの分類

タイプ	差異シフト	比例シフト		シフト
1	+	+	$|RS_d| < |RS_p|$	+
2	+	+	$|RS_d| > |RS_p|$	+
3	+	−	$|RS_d| > |RS_p|$	+
4	−	+	$|RS_d| < |RS_p|$	+
5	−	+	$|RS_d| > |RS_p|$	−
6	+	−	$|RS_d| < |RS_p|$	−
7	−	−	$|RS_d| > |RS_p|$	−
8	−	−	$|RS_d| < |RS_p|$	−

経済政策を開発する上ではこうした違いを考慮すべきである.

　Heijman and Schipper[2010]によれば,比例シフトがプラスに働いている地域は,外部経済,規模の経済,集積の経済といった条件を備え,核―周辺(core-periphery)理論で言うところの核(core)に相当する地域である.シフトの分類を核―周辺の枠組みに応用すると,タイプ1,2,4,5が経済成長の核(core)となる地域,タイプ7と8が周辺(peripheral)の地域に相応する.タイプ3と6は核からの波及(spillover)効果を受ける地域である.核となる地域は比例シフトがプラスである.波及効果を受ける地域の比例シフトはマイナスだが,差異シフトがプラスの地域である.周辺地域はシフトを形成する2つの要因がともにマイナスである.

4　全国動向

　それはさておき,上述のような変遷は,静岡県に特有のものだろうか.**表7-2**は,シフト・シェア分析を全国に適用した結果である.1960年代は関東,中部,近畿,中国,九州の5地方に経済成長の核となる地域が存在していた(**図7-1**).関東地方では,東京都と神奈川県だけが核となる地域であったが,1980年代に埼玉県と千葉県が順次それに加わるこ

108

表 7-2　都道府県の分類 (1960-2015 年)

	1960-65年	1965-70年	1970-75年	1975-80年	1980-85年	1985-90年	1990-95年	1995-00年	2000-05年	2005-10年	2010-15年
北海道	6	8	4	4	7	7	4	5	5	5	7
青森県	6	6	6	6	8	8	8	7	7	8	7
岩手県	8	6	6	6	8	8	8	7	7	8	2
宮城県	6	3	3	3	3	3	3	7	7	6	3
秋田県	8	6	6	6	8	8	7	7	7	8	5
山形県	8	6	6	6	8	8	8	7	8	8	2
福島県	8	6	6	6	8	8	8	7	8	8	5
茨城県	6	6	3	3	3	3	3	3	6	3	6
栃木県	6	3	3	3	3	3	6	3	3	6	6
群馬県	6	6	6	3	6	3	6	3	3	6	2
埼玉県	3	2	2	2	2	2	2	2	2	1	3
千葉県	3	3	3	3	2	2	2	1	2	4	3
東京都	4	5	5	5	4	5	5	5	5	4	7
神奈川県	2	2	1	1	2	2	1	4	2	5	2
新潟県	8	6	6	8	7	7	8	8	6	6	5
富山県	7	8	8	7	7	7	6	6	6	6	5
石川県	7	7	7	2	5	5	3	7	8	3	5
福井県	7	7	8	8	7	7	7	6	6	6	4
山梨県	7	6	6	6	3	6	3	3	6	8	5
長野県	8	6	6	6	6	8	6	3	6	6	5
岐阜県	7	8	8	3	7	7	6	3	3	6	2
静岡県	4	2	3	3	3	3	6	3	3	6	5
愛知県	1	4	2	3	1	2	3	3	3	3	3
三重県	8	8	8	8	3	6	3	8	3	3	7
滋賀県	8	6	6	3	3	3	3	3	3	3	4
京都府	4	5	5	5	5	5	5	5	4	4	5
大阪府	1	4	5	5	4	5	5	5	5	5	4
兵庫県	1	4	5	5	5	4	5	2	1	4	5
奈良県	5	3	2	2	2	2	2	4	5	5	4
和歌山県	7	7	7	7	7	7	6	7	7	7	5
鳥取県	8	6	6	6	7	7	8	6	7	8	5
島根県	8	8	8	6	7	7	7	8	7	6	5
岡山県	8	6	8	7	7	7	6	8	3	6	2
広島県	5	2	5	5	5	7	3	7	2	8	2
山口県	7	7	7	7	7	7	7	7	7	8	5
徳島県	7	6	8	6	7	7	7	7	5	7	5
香川県	7	6	8	8	7	7	6	8	7	6	5
愛媛県	8	8	8	6	7	7	8	8	7	6	5
高知県	8	8	8	6	7	7	7	7	7	7	5
福岡県	5	5	4	4	5	5	1	1	1	2	2
佐賀県	8	6	8	3	7	8	6	6	3	6	2
長崎県	7	8	7	8	7	7	5	7	5	6	4
熊本県	8	8	6	3	8	7	8	3	2	6	2
大分県	8	8	6	6	7	7	7	8	2	6	4
宮崎県	8	6	6	3	8	8	6	6	7	6	5
鹿児島県	8	8	6	3	8	7	8	3	4	6	3
沖縄県	—	—	2	2	3	2	4	2	6	3	2

(出所) 総務省統計局『国勢調査報告』.

第7章 シフト・シェア分析からみる女性の就業傾向　109

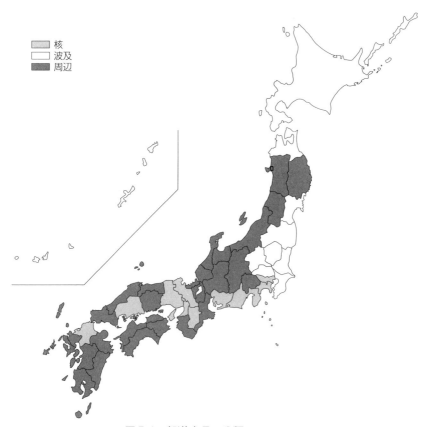

図 7-1　都道府県の分類（1960-65年）

とで，いわゆる東京圏が成立していく．

　東京圏の成立と逆行する形で中部地方では，まずは静岡県が核の役割を失い，しばらくして愛知県も核の役割から離れた．これは，日本の経済成長における中部地方の役割変化と関係があるのかもしれない（図 7-2）．

　最新の状況は，図 7-3 のようになる．多くの地域が回復傾向を示す一方で，東京都の状況が芳しくない．しかし，これは東京への人口集中の動向と相反することになる．それでは，どのような人々が東京に集中し

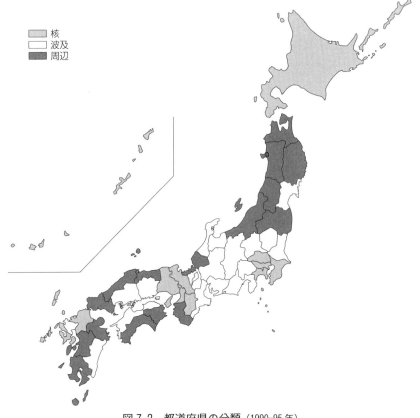

図 7-2 都道府県の分類（1990-95 年）

ているのであろうか．次にこの問題を論じたい．

5 結婚適齢期女性の動向

　静岡県では結婚適齢期の女性の流出が問題となっている．東京一極集中の問題を，この世代に限定して見てみよう．20 〜 29 歳の女性就業者に関して，シフト・シェア分析を行った．このとき，正規労働と非正規

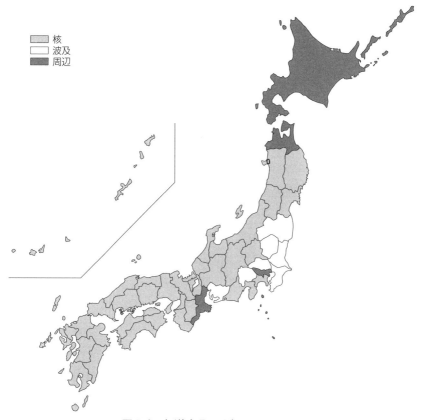

図 7-3　都道府県の分類 (2010-15 年)

労働に分けて分析をしてみた.正規労働を求める若い女子に限れば,静岡県や関西地方よりも東京圏の方が魅力的であることが分かる(図7-4).また,東北地方や中国四国地方と比べると,東京圏を含む地域は非正規労働への就業機会も多い(図7-5).

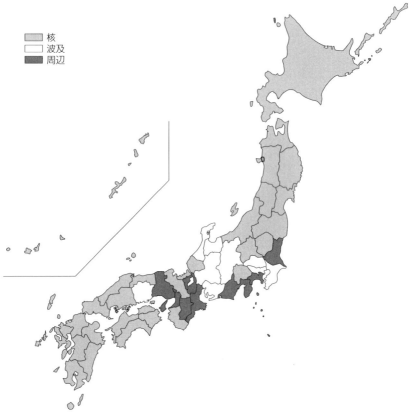

図7-4　20〜29歳女子の正規労働から見た都道府県（2010-15年）

6　成長産業と女性人口

　産業構造の変化は，人口移動に対して大きな影響を与える．シフト要因が20〜29歳の女性人口へ与える影響を探るために，当該人口の変化率にシフト要因が与える影響を調べることにする．具体的には，正規雇用における相対的差異シフト（RSD_1）と相対的比例シフト（RSP_1），非正

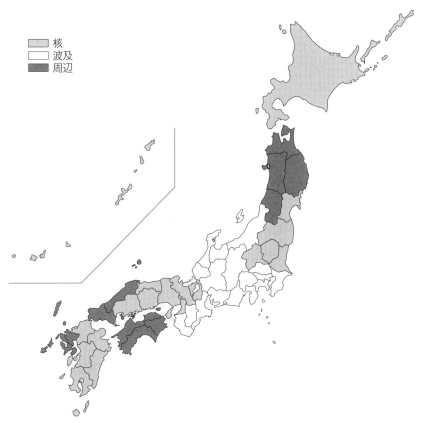

図 7-5　20 〜 29 歳女子の非正規労働から見た都道府県 (2010-15 年)

規雇用における相対的差異シフト (RSD_2) と相対的比例シフト (RSP_2) を説明変数とする重回帰分析を行った．以下の結果が得られた（括弧内は t 値）．

$$y = \underset{(-56.063)}{-0.110} + \underset{(5.265)}{0.450 RSD_1} - \underset{(-3.450)}{1.327 RSP_1} + \underset{(6.874)}{0.335 RSD_2} + \underset{(0.0862)}{0.0813 RSP_2}$$

$$R^2_{adj} = 0.819 \hspace{4em} (7\text{-}6)$$

ここで，左辺の y は 20 〜 29 歳女性人口の 2010 年から 2015 年への成長率であり，右辺の説明変数は 2015 年のデータである．定数項の値が示すように女性人口は減少傾向にあるが，その減少の度合いは地域特殊要因や産業構造要因によって変動する．理論的には各シフト要因が女性人口へプラスに働くことが期待されるが，結果はそうならなかった．興味深いのは，正規雇用における相対的比例シフト（RSP_1）が女性人口の成長に対してマイナスの要因となっていることである．これは，正規雇用型の産業に恵まれた地域では，むしろ女性が定住しないことを意味している．

　なお，上記のような統計的に有意な結果は，同世代の男性人口には見られなかった．女性人口の変動がシフト要因で説明されること自体が，女性人口は成長する産業や地域と深く関わっており，それ故に地域的な偏りが生じることを意味すると考えられる．

　次に，どのような産業が，シフト要因に影響しているのかを調べよう．(7-7) 式の特化係数（location quotient）を使うことで，各地域の産業構成の特徴を知ることができる．

$$LQ_i = \frac{\dfrac{e_i}{\sum_i^n e_i}}{\dfrac{E_i}{\sum_i^n E_i}} \tag{7-7}$$

特化係数は，ある地域における産業部門 i の雇用シェアと全国レベルにおける当該部門の雇用シェアとの比率である．$LQ_i > 1$ の時，その地域は i 番目の産業に特化していることになる．**表 7-3** に，正規雇用の相対的比例シフト（RSP_1）と強い相関を示す特化係数の産業をまとめた．比

表7-3 相対的比例シフトと特化係数の相関係数 (正規雇用)

	農業，林業	情報通信業	不動産業，物品賃貸業	学術研究，専門・技術サービス業	医療，福祉	複合サービス事業	公務
女性	0.6534	−0.6023	−0.6351	−0.6391	0.9048	0.6185	0.6080
男性	0.3152	−0.6677	−0.7075	−0.6319	0.7140	0.5445	0.0371

表7-4 相対的差異シフトと特化係数の相関係数 (非正規雇用)

	電気・ガス・熱供給・水道業	複合サービス事業	公務
女性	−0.6377	−0.6922	−0.6490
男性	−0.2026	−0.6684	−0.4382

較のため，男性の数値も示す．

　全国的な成長産業である医療・福祉産業は産業構造要因にプラスに働く．しかし，(7-6) 式から分かるように，その地域の女性人口が増加することを約束してくれるわけではない．

　また，非正規雇用においては，相対的比例シフト (RSP_2) と強い相関を持つ産業はない．しかし，相対的差異シフト (RSD_2) と以下の産業の特化係数との間に強い負の相関が見られる (**表7-4 参照**)．

おわりに

　産業構造や就業構造の変化に関する議論は，生産年齢人口 (15歳以上64歳未満) を対象にして進められることが一般的である．しかし，性別，世代別に分けて分析すると，全体の状況とは異なる姿を呈する．シフト・シェア分析の結果からみると，東京都は以前ほどに良い労働市場ではないかもしれない．しかし，若い世代にとっては，静岡県，三重県，

関西地方と比べると魅力的であることが分かった.

　また，女性の就業は，男性と比べると，特定の産業に集中しやすいことも分かった. そして，このことが女性の人口分布に影響している可能性がある. 女性は第3次産業への就業率が高いが，公務員，複合サービス事業，医療・福祉といった正規雇用比率の高い産業が，その地域における女性人口の増加につながっていないという結果が得られたことは興味深い.

注

　1) シフト・シェア分析による研究では，就業者数の他に，付加価値額や出荷額が用いられる場合がある. 本研究は，地域人口と労働力との関係に注目しているため，就業者数を用いて分析を進めることにした.

　2) 差異シフトは "differential effect" あるいは "composition effect"，比例シフトは "proportion effect"，"competition effect" とも呼ばれる.

参考文献

Boudeville, J-R. [1966] *Problems of Regional Economic Planning*, Edinburgh: Edinburgh University Press.

Dunn, E. S. [1960] "A Statistical and Analytical Technique for Regional Analysis," *Papers and Proceedings of the Regional Science Association*, 6, pp. 97–112.

Heijman, W. J. M. and R. A. Schipper [2010] *Space and Economics: An Introduction to Regional Economics*, Wageningen, Netherlands: Wageningen Academic Publishers.

第8章

地域産業連関モデルと労働需要

第8章 地域産業連関モデルと労働需要　*119*

　これまでの章で，地域間の人口移動には，進学，就職，転勤等のさまざまな要因があることが示された．この章では，人口移動の原動力として，経済的要因，特に雇用が重要であるという予想のもと，地域産業連関モデルと地域産業連関表を用いて，静岡県経済の労働需要の分析を行う．産業連関モデルにより，ある産業部門の財・サービス生産によって引き起こされる直接的な雇用だけでなく，産業部門間の連関性を通して，他の産業部門に与える雇用効果を評価することが出来る．また，正規雇用と非正規雇用を区別しつつ，細かい産業部門別に分析することにより，地域経済の労働需要の特徴を把握することが可能である．

1 分析モデル

　本章で用いられる地域産業連関表の取引基本表と雇用表は，**表8-1** であらわされる．x_{ij} は，産業部門 i から産業部門 j への中間投入額である．また，C_i, U_i, E_i, M_i は，それぞれ，産業部門 i の消費額，移出額，輸出額，移輸入額であり，n は当該経済の産業部門の数である．さらに，W_j, V_j は，それぞれ，産業部門 j の雇用者所得およびその他の粗付加価値額，G_j は産業部門 j の労働投入数である．なお，**表8-1** では省略したが，雇用表には後述する「従業者の従業上の地位」別の内訳が掲載されている．

　上記の表記法を用いると，産業部門 i の生産額 X_i は，

$$X_i = \Sigma_j x_{ij} + C_i + U_i + E_i - M_i \qquad (i, j = 1, \cdots, n)$$

(8-1)

とあらわされる．なお，(8-1) 式は，**表8-1** を横方向に合計することに対応する．また，投入係数 $a_{ij} = x_{ij}/X_j$ を定義すると，(8-1) 式は

表 8-1　地域産業連関表の雛形

取引基本表

	部門1	$\cdots$	部門j	$\cdots$	部門n	消費	移出	輸出	移輸入	生産額
部門1	x_{11}	$\cdots$	x_{1j}	$\cdots$	x_{1n}	C_1	U_1	E_1	$-M_1$	X_1
$\vdots$	$\vdots$	$\ddots$	$\vdots$	$\ddots$	$\vdots$	$\vdots$	$\vdots$	$\vdots$	$\vdots$	$\vdots$
部門i	x_{i1}	$\cdots$	x_{ij}	$\cdots$	x_{in}	C_i	U_i	E_i	$-M_i$	X_i
$\vdots$	$\vdots$	$\ddots$	$\vdots$	$\ddots$	$\vdots$	$\vdots$	$\vdots$	$\vdots$	$\vdots$	$\vdots$
部門n	x_{n1}	$\cdots$	x_{nj}	$\cdots$	x_{nn}	C_n	U_n	E_n	$-M_n$	X_n
雇用者所得	W_1	$\cdots$	W_j	$\cdots$	W_n					
他の粗付加価値	V_1	$\cdots$	V_j	$\cdots$	V_n					
生産額	X_1	$\cdots$	X_j	$\cdots$	X_n					

雇用表

労働投入	G_1	$\cdots$	G_j	$\cdots$	G_n

$$X_i = \Sigma_j a_{ij} X_j + C_i + U_i + E_i - M_i \qquad (i, j = 1, \cdots, n)$$

$$(8\text{-}2)$$

と書き換えられる.

　このとき，一般的な競争移輸入型モデルの均衡生産額は，行列表記を用いて，

$$X = (I - (I - \hat{M}) A)^{-1}((I - \hat{M})C + U + E) = LF \quad (8\text{-}3)$$

とあらわされる. ここで，X，C，U，E は，それぞれ，生産額，消費額，移出額，輸出額ベクトル（$n \times 1$）である. また，$A = \{a_{ij}\}$ は投入係数行列（$n \times n$），I は単位行列（$n \times n$）である. さらに，$\hat{M}$ は次のように定義される移輸入係数行列（$n \times n$）である.

$$m_i = \frac{M_i}{\sum_j x_{ij} + c_i}, \quad \hat{M} = \begin{bmatrix} m_1 & \cdots & 0 \\ \vdots & \ddots & \vdots \\ 0 & \cdots & m_n \end{bmatrix} \qquad (8\text{-}4)$$

なお，(8-3) 式で定義された

$$L = (I - (I - \hat{M})A)^{-1} \qquad (8\text{-}5)$$

は，競争移輸入型のレオンチェフ逆行列である．また，

$$F = (I - \hat{M})C + U + E \qquad (8\text{-}6)$$

は，域内で生産される財・サービスに対する最終需要額の合計である．

　地域産業連関分析では，均衡生産額の関係式 (8-3) 式を用い，最終需要 F が起きたときに産業部門間の連関性を通して誘発される生産の波及を評価することが一般的である．このような波及評価の考え方は，労働需要の分析にも適用可能である．**表 8-1** から産業部門 j の労働投入 G_j が得られるが，それを用いて産業部門 j の労働投入係数を

$$g_j = G_j/X_j \qquad (j = 1, \cdots, n) \qquad (8\text{-}7)$$

と定義する．労働投入係数は，当該産業の 1 単位の生産に直接的に必要な労働者数をあらわす．労働投入係数ベクトルを $g = [g_1 \cdots g_n]$ とすると，最終需要 F によって直接・間接的に誘発される財・サービスの生産によって引き起こされる労働需要は，

$$gLF = gF + g(L - I)F \qquad (8\text{-}8)$$

となる．(8-8) 式のうち，gL の各要素は，労働誘発係数と呼ばれる．また，右辺第 1 項 gF は，最終需要に対応する生産活動によって引き起こされる直接的な労働需要である．そのため，労働投入係数ベクトル $g = [g_1 \cdots g_n]$ の各要素は直接効果と呼ばれる．一方，右辺第 2 項 $g(L - I)F$ は，間接的な労働需要である．そのため，$g(L - I)$ の各要素は，間

接効果と呼ばれる［厚生労働省 2016：13］.

　(8-8) 式の関係を 2 部門モデルで表現すると，以下のようになる．各産業部門の最終需要額を対角要素とする対角行列を $\hat{F}$ とすると，直接的な労働需要（直接効果）は，

$$g\hat{F} = [g_1 \ g_2]\begin{bmatrix} F_1 & 0 \\ 0 & F_2 \end{bmatrix} = [g_1 F_1 \ g_2 F_2] \tag{8-9}$$

とあらわされる．また，レオンチェフ逆行列 L の第 ij 要素を l_{ij} とすると，間接的な労働需要（間接効果）は，

$$\begin{aligned} g(L-I)\hat{F} &= [g_1 \ g_2]\begin{bmatrix} l_{11}-1 & l_{12} \\ l_{21} & l_{22}-1 \end{bmatrix}\begin{bmatrix} F_1 & 0 \\ 0 & F_2 \end{bmatrix} \\ &= [(g_1(l_{11}-1) + g_2 l_{21})F_1 \ (g_2 l_{21} + g_2(l_{22}-1))F_2] \end{aligned} \tag{8-10}$$

となる．

　地域産業連関分析では，各産業部門の生産波及の規模を求めるだけでなく，当該経済の最終需要によって引き起こされる生産波及効果が，域内にとどまるか，移輸入を通じて域外へ漏れ出すかを評価することも重要である．そこで，移輸入がない封鎖型の仮想的経済で生じるはずの生産波及効果のうち，当該地域内に生じるものの割合を域内歩留まり率と定義する．すなわち，移輸入外生型モデル（あるいは封鎖型モデル）のレオンチェフ逆行列を $L_t = (I-A)^{-1}$，その第 ij 要素を $l_{ij}^{(t)}$ とすると，産業部門 k の最終需要によって直接・間接的に引き起こされる生産に関する域内歩留まり率は，$\Sigma_i l_{ik} / \Sigma_i l_{ik}^{(t)}$ と定義される［入谷 2012：20］．この指標を労働需要に拡張すると，産業部門 k の最終需要によって直接・間接的に引き起こされる労働需要に関する域内歩留まり率は，

$$\frac{\sum_i g_i l_{ik}}{\sum_i g_i l_{ik}^{(t)}} \tag{8-11}$$

となる．労働需要に関する域内歩留まり率は，移輸入がない封鎖型の仮想的経済で生じるはずの労働需要のうち域内に生じるものの割合を指す．

さらに，(8-6) 式のように，最終需要ベクトル F を最終需要項目別に分割すると，(8-8) 式を通して，最終需要項目別労働誘発数が求められる．域内生産財の消費，移出，輸出によって直接・間接的に引き起こされる労働誘発数は，それぞれ，

$$gL = (I - \hat{M})C, \quad gLU, \quad gLE \tag{8-12}$$

で求められる．

2 データ加工に関する諸問題

2011 年静岡県産業連関表（以下，静岡県表）のうち，取引基本表の部門分類は 190 部門，雇用表は 108 部門である．前者は全国の 2011 年産業連関表（以下，全国表）の統合小分類に対応し，後者は統合中分類に対応して整備されたものである．

まず，厚生労働省 [2016] の部門分類（「『自家輸送』部門の表章なし」の統合小分類（188 部門））に合わせるため，静岡県表の「自家輸送（旅客自動車）」「自家輸送（貨物自動車）」について，それらを投入する産業部門の生産活動の一環として取り扱うこととした．なお，これらの自家輸送部門は仮設部門であり，粗付加価値額は計上されていない．したがって，雇用者所得，雇用者数ともゼロである [総務省 2015 : 107]．あらかじめ，このような調整を高瀬 [2013] と同様の方法で行った．

ところで，産業連関モデルでは，部門統合の方法によって，波及計算の結果を変えてしまう可能性がたびたび指摘される（例えば，総務省［2015：125-129］など）．そのため，次に，静岡県表について，雇用表（108部門）の公表値を取引基本表の部門分類（188部門）に合わせて整備することとした．

表8-2は，全国および静岡県の雇用表のまとめである．全国の雇用表には，産業部門別の「① 従業者総数」をはじめとして，「⑥ 雇用者」等の「従業者の従業上の地位」別の労働投入数が掲載されている．全国表では，「⑥ 雇用者」が「⑦ 常用雇用者」と「⑩ 臨時雇用者」に分けられ，「⑦ 常用雇用者」は，さらに「⑧ 正社員・正職員」と「⑨ 正社員・正職員以外」に分けられている．なお，全国表については基本分類に対応した393部門の雇用表が公表されている．

先の章でみたように，人口移動に関連して地域の労働需要を扱う場合，正規雇用と非正規雇用を分けて検討することが重要である．そのため，本章の分析では，雇用表の「⑧ 正社員・正職員」を正規雇用者数とみなし，「⑨ 正社員・正職員以外」と「⑩ 臨時雇用者」の合計を非正規雇用者数とみなして分析を進めることとする．

しかしながら，**表8-2**の通り，静岡県の雇用表からは，「⑧ 正社員・正職員」と「⑨ 正社員・正職員以外」の内訳が不明である．**表8-3**は，全国表と静岡県表の対応関係を例示したものである．ここで，統合小分類（188部門）の部門 i と部門 j（例えば，「卸売」「小売」）が，統合中分類では部門 k（例えば，「商業」）に統合されるものとする．全国表（右上添え字（J））では，部門 i と部門 j の両部門について，取引基本表より「雇用者所得」（$W_i^{(J)}$，$W_j^{(J)}$），雇用表より「⑧ 正社員・正職員」（$G_{ai}^{(J)}$，$G_{aj}^{(J)}$），「⑨ 正社員・正職員以外」（$G_{\beta i}^{(J)}$，$G_{\beta j}^{(J)}$），および，「⑩ 臨時雇用者」（$G_{\gamma i}^{(J)}$，$G_{\gamma j}^{(J)}$）を得ることが出来る．また，静岡県表（右上添え字（S））でも，取引基本

第 8 章 地域産業連関モデルと労働需要 *125*

表 8-2 雇用表のまとめ

	従業上の地位	全国表 (J)	静岡県表(S)	本研究で用いる記号と名称	
①	従業者総数	○	○	(使用しない)	
②	個人業主	○	○	(使用しない)	
③	家族従業者	○	○	(使用しない)	
④	有給役員・雇用者	○	○	(使用しない)	
⑤	有給役員	○	○	(使用しない)	
⑥	雇用者	○	○	$G_{\alpha j}+G_{\beta j}+G_{\gamma j}$	正規＋非正規雇用
⑦	常用雇用者	○	○	$G_{\alpha+\beta.j}=G_{\alpha j}+G_{\beta j}$	常用雇用
⑧	正社員・正職員	○	×	$G_{\alpha j}$	正規雇用
⑨	正社員・正職員以外	○	×	$G_{\beta j}$	非正規雇用
⑩	臨時雇用者	○	○	$G_{\gamma j}$	$(G_{\beta j}+G_{\gamma j})$

○表章あり，×表章なし

表 8-3 全国表と静岡県表の対応

		全国表 (J)		静岡県表 (S)		
統合中分類（108 部門）		部門 k		部門 k		
統合小分類（188 部門）		部門 i	部門 j	部門 i	部門 j	
取引基本表	雇用者所得	$W_i^{(J)}$	$W_j^{(J)}$	$W_i^{(S)}$	$W_j^{(S)}$	
雇 用 表	⑦常用雇用者	$G_{\alpha i}^{(J)}+G_{\beta i}^{(J)}$	$G_{\alpha j}^{(J)}+G_{\beta j}^{(J)}$	$G_{\alpha+\beta.k}^{(S)}$		
	⑧正社員・正職員	$G_{\alpha i}^{(J)}$	$G_{\alpha j}^{(J)}$	×	×	正規雇用
	⑨正社員・正職員以外	$G_{\beta i}^{(J)}$	$G_{\beta j}^{(J)}$	×	×	非正規雇用
	⑩臨時雇用者	$G_{\gamma i}^{(J)}$	$G_{\gamma j}^{(J)}$	$G_{\gamma k}^{(S)}$		

×表章なし

表より「雇用者所得」について $W_i^{(S)}$ と $W_j^{(S)}$ が得られる．しかしながら，「⑦ 常用雇用者」について，静岡県の雇用表から，部門 i と部門 j（「卸売」および「小売」）の両部門を統合した部門 k（「商業」）の総数 $G_{\alpha+\beta.k}^{(S)}$ しか得られない．さらに，「⑦ 常用雇用者」について，従業上の地位別内

訳は不明である．また，「⑩ 臨時雇用者」についても，統合中分類の部門 k（「商業」）の総数 $G_{\gamma k}^{(S)}$ のみが得られる．そのため，全国表から得られる情報を用いて，以下のような補完を行った．

まず，全国表より，部門別・従業上の地位別雇用原単位（雇用者所得 1 単位あたりの地位別雇用者数）

$$h_{\alpha i}^{(J)} = \frac{G_{\alpha i}^{(J)}}{W_i^{(J)}}, \; h_{\alpha j}^{(J)} = \frac{G_{\alpha j}^{(J)}}{W_j^{(J)}}, \; h_{\beta i}^{(J)} = \frac{G_{\beta i}^{(J)}}{W_i^{(J)}}, \; h_{\beta j}^{(J)} = \frac{G_{\beta j}^{(J)}}{W_j^{(J)}}$$

(8-13)

を求める．次に，全国表の部門別・従業上の地位別雇用原単位に静岡県表の部門別雇用者所得額を乗じることにより，静岡県の部門別・従業上の地位別雇用者数を推計する．

$$G_{\alpha i}^{(S)^*} = h_{\alpha i}^{(J)} W_i^{(S)}, \; G_{\alpha j}^{(S)^*} = h_{\alpha j}^{(J)} W_j^{(S)},$$
$$G_{\beta i}^{(S)^*} = h_{\beta i}^{(J)} W_i^{(S)}, \; G_{\beta j}^{(S)^*} = h_{\beta j}^{(J)} W_j^{(S)}$$

(8-14)

最後に，求められた静岡県の部門別・従業上の地位別雇用者数の推計値の比を求め，静岡県表の雇用表で公表されている「⑦ 常用雇用者」の総数 $G_{\alpha+\beta, k}^{(S)}$ を按分する．

$$G_{\alpha i}^{(S)} = \frac{G_{\alpha i}^{(S)^*}}{D^*} G_{\alpha+\beta, k}^{(S)}, \; G_{\alpha j}^{(S)} = \frac{G_{\alpha j}^{(S)^*}}{D^*} G_{\alpha+\beta, k}^{(S)},$$
$$G_{\beta i}^{(S)} = \frac{G_{\beta i}^{(S)^*}}{D^*} G_{\alpha+\beta, k}^{(S)}, \; G_{\beta j}^{(S)} = \frac{G_{\beta j}^{(S)^*}}{D^*} G_{\alpha+\beta, k}^{(S)}$$

(8-15)

ここで，$D^* = G_{\alpha i}^{(S)^*} + G_{\alpha j}^{(S)^*} + G_{\beta i}^{(S)^*} + G_{\beta j}^{(S)^*}$ である．

また，「⑩ 臨時雇用者」についても，類似の方法で補完を行った．ま

ず，全国表の部門別・臨時雇用原単位

$$h_{\gamma i}^{(J)} = \frac{G_{\gamma i}^{(J)}}{W_i^{(J)}}, \quad h_{\gamma j}^{(J)} = \frac{G_{\gamma j}^{(J)}}{W_j^{(J)}} \tag{8-16}$$

を求め，それに静岡県表の部門別・雇用者所得を乗じることにより，静岡県の部門別・臨時雇用者数

$$G_{\gamma i}^{(S)*} = h_{\gamma i}^{(J)} W_i^{(S)}, \quad G_{\gamma j}^{(S)*} = h_{\gamma j}^{(J)} W_j^{(S)} \tag{8-17}$$

を推計し，静岡県の雇用表で公表されている「⑩ 臨時雇用者」の総数 $G_{\gamma k}^{(S)}$ を按分する．

$$G_{\gamma i}^{(S)} = \frac{G_{\gamma i}^{(S)*}}{G_{\gamma i}^{(S)*} + G_{\gamma j}^{(S)*}} G_{\gamma k}^{(S)}, \quad G_{\gamma j}^{(S)} = \frac{G_{\gamma j}^{(S)*}}{G_{\gamma i}^{(S)*} + G_{\gamma j}^{(S)*}} G_{\gamma k}^{(S)} \tag{8-18}$$

　以上の調整により，静岡県の雇用表を補完して，取引基本表と同じ統合中分類（188 部門）で整備することができる．なお，47 都道府県で公表されている 2011 年地域産業連関表のうち，正規・非正規雇用の内訳が不明なものは 10 道県（北海道，秋田県，群馬県，新潟県，富山県，静岡県，三重県，奈良県，和歌山県表，鳥取県）の雇用表である．これらについても，本研究と同様の方法を用いることにより，取引基本表の部門分類に合わせた雇用表の補完が可能である．

3　静岡県経済の労働需要

　静岡県経済の各産業部門の労働需要の特徴を探るため，前節の方法で整備された 188 部門表を用いて諸指標の計算を行った．**表 8-4** は，その

まとめである．なお，解釈の煩雑さを避けるため，計算結果を事後的に41部門に集計した．この部門分類は全国表の統合大分類（37部門）を基本としているが，静岡県の労働需要に大きく関係すると考えられる以下の4産業部門については，より細かい分類とした．まず，静岡県の主要産業の1つとされる自動車製造関連産業を含む「統合大分類：輸送機械」を「19自動車・自動車部品」と「20その他の輸送機械」に分離した．また，正規・非正規雇用者比率に大きく影響すると考えられる「統合大分類：商業」を「26卸売」と「27小売」に分離した．同じ理由により，「統合大分類：対個人サービス」を「38飲食サービス」と「39その他の対個人サービス」に分離した．さらに，「統合大分類：不動産」を「統合大分類：不動産」を「29不動産」と「30住宅（帰属家賃）」に分離した．「統合大分類：不動産」には，住宅の帰属家賃が含まれており，その生産額構成比は静岡県全体の3.79％と大きなウェイトを占めている．しかしながら，現実にそのような産業部門が存在するわけではないため，住宅の帰属家賃が地域の雇用と直接に結びつくものではない．住宅の帰属家賃は統計上の整合性のために設けられた部門であると解釈することが妥当である［総務省 2015：105-106］．したがって，「30住宅（帰属家賃）」の雇用誘発効果を，実在する産業部門である「29不動産」と分離して結果を解釈することとした．

　また，分析結果の解釈に先立ち，部門統合の順序による計算誤差［総務省 2015：125-129］について，検討を行った．この目的のため，取引基本表と雇用表をあらかじめ41部門表に統合してから行った労働需要の計算結果と，188部門表を用いた計算結果を事後的に41部門に集計した結果を比較した．その結果，正規雇用誘発数および非正規雇用誘発数の乖離度は，それぞれ，5.33％，9.75％となった．このことは，部門統合に際して，レオンチェフモデル体系の技術的同質性および移輸入率の

第8章　地域産業連関モデルと労働需要　*129*

表 8-4　雇用誘発係数と歩留まり率（静岡県）

部門名	生産額の構成比 [%]	雇用誘発係数 [人/10億円] [直接] 正規雇用	[直接] 非正規雇用	[間接] 正規雇用	[間接] 非正規雇用	[直接＋間接] 正規雇用	[直接＋間接] 非正規雇用	歩留まり率 [%] [直接＋間接] 正規雇用	[直接＋間接] 非正規雇用
01 農林水産業	0.89	35.15	27.96	10.26	5.88	45.41	33.84	29.07	51.09
02 鉱業	0.06	49.81	9.42	15.93	7.58	65.75	17.00	48.11	45.65
03 飲食料品	8.09	14.48	8.69	8.95	5.36	23.43	14.06	14.29	24.41
04 繊維製品	0.23	57.61	16.92	8.85	4.03	66.46	20.94	8.55	10.23
05 パルプ・紙・木製品	3.57	31.46	7.12	11.16	4.42	42.62	11.54	15.45	15.72
06 化学製品	3.57	14.33	3.33	15.79	6.26	30.12	9.59	2.44	3.03
07 石油・石炭製品	0.08	5.35	0.60	1.07	0.49	6.42	1.09	42.97	31.58
08 プラスチック・ゴム	2.21	34.22	12.39	12.54	5.50	46.76	17.89	3.80	5.57
09 窯業・土石製品	0.52	38.62	9.49	13.28	6.53	51.91	16.02	25.56	28.46
10 鉄鋼	0.53	7.45	1.06	7.04	2.81	14.49	3.87	21.22	23.83
11 非鉄金属	1.04	25.31	5.32	10.08	3.85	35.39	9.17	19.96	19.88
12 金属製品	1.28	63.38	12.84	9.83	4.08	73.21	16.92	43.77	41.55
13 はん用機械	1.30	32.89	7.23	9.83	4.63	42.72	11.85	26.68	27.38
14 生産用機械	2.01	41.80	6.17	9.67	4.36	51.47	10.53	36.11	30.46
15 業務用機械	1.08	35.80	8.97	13.47	5.54	49.26	14.51	15.91	17.42
16 電子部品	0.61	56.96	11.59	15.14	6.20	72.10	17.79	15.18	13.97
17 電気機械	4.58	24.86	6.32	12.34	5.24	37.20	11.55	12.56	14.49
18 情報・通信機器	1.28	16.48	3.48	15.35	6.49	31.83	9.97	9.92	11.48
19 自動車・自動車部品	11.65	17.19	3.14	9.75	3.91	26.94	7.05	10.01	9.96
20 その他の輸送機械	0.55	82.80	15.65	10.21	3.84	93.01	19.49	37.62	33.25
21 その他の製造工業製品	1.29	55.04	14.16	13.54	6.65	68.58	20.81	17.86	20.07
22 建設	4.34	73.89	19.13	13.75	9.61	87.63	28.74	49.03	52.54
23 電力・ガス・熱供給	1.15	18.32	1.13	11.48	6.08	29.81	7.21	45.47	40.33
24 水道	0.57	20.86	3.50	19.04	12.54	39.90	16.04	27.39	34.98
25 廃棄物処理	0.43	61.05	17.60	7.33	4.54	68.39	22.15	62.31	65.14
26 卸売	3.26	46.35	12.25	9.58	6.70	55.93	18.95	65.56	66.70
27 小売	3.92	57.18	99.09	10.91	8.09	68.09	107.18	57.85	87.69
28 金融・保険	3.38	31.45	6.04	11.42	8.83	42.87	14.87	52.22	54.15
29 不動産	1.62	6.10	3.09	9.09	6.03	15.19	9.12	43.98	58.18
30 住宅（帰属家賃）	3.79	0.00	0.00	6.53	2.52	6.53	2.52	36.39	43.50
31 情報通信	5.11	39.63	14.40	9.77	5.80	49.40	20.20	53.97	61.90
32 公務	2.31	25.55	4.65	14.44	12.12	39.98	16.77	45.05	51.59
33 教育・研究	2.86	42.14	15.63	11.57	7.43	53.71	23.07	59.43	67.40
34 医療・福祉	3.81	72.96	26.95	6.46	4.56	79.42	31.51	76.33	80.97
35 その他の非営利団体サービス	5.38	62.18	32.49	9.64	7.77	71.82	40.26	42.18	59.24
36 対事業所サービス	0.51	45.05	20.86	11.85	9.06	56.90	29.92	44.21	58.27
37 その他の対事業所サービス	4.98	51.68	37.30	9.06	6.25	60.74	43.55	41.71	64.64
38 飲食サービス	2.28	34.79	126.25	11.54	9.20	46.33	135.45	38.87	83.77
39 その他の対個人サービス	2.91	33.22	50.80	9.56	6.81	42.78	57.61	44.02	77.54
40 事務用品	0.14	0.00	0.00	0.00	0.00	0.00	0.00	—	—
41 分類不明	0.85	1.77	0.18	22.77	11.44	24.54	11.62	21.72	31.92

同質性が保たれないことを示している．さらに，本研究のような労働需要分析では，上記に加え，労働投入係数の同質性も仮定しなければならない．静岡県表以外の都道府県表でも取引基本表よりも雇用表の部門分類が粗いケースが多いが，これらを用いた分析を行う際には，部門統合の妥当性について留意する必要があることが示唆された．

　静岡県経済の各産業部門の労働需要について，まずは，直接効果から検討を加える．正規雇用（表8-4，3列目）については，生産額1単位あたりの［直接］正規雇用係数（人/10億円）が大きい順に，「20 その他の輸送機械」(82.80)，「22 建設」(73.89)，「34 教育・研究」(72.96) である．これらの産業部門は，静岡県内の正規雇用に対して，生産額あたりの直接効果が大きいことになる．ただし，「20 その他輸送機械」の生産額構成比はわずか 0.55 ％であるため，静岡県全体への相対的な雇用効果は限定的であると考えられる．また，非正規雇用（表8-4，4列目）については，生産額1単位あたりの［直接］非正規雇用係数（人/10億円）が大きい順に，「38 飲食サービス」(126.25)，「27 小売」(99.09)，「39 その他の対個人サービス」(50.80) である．これらの産業部門の財・サービス生産は，非正規雇用に依存する傾向にあることがわかる．

　既述のとおり，地域産業連関モデルを用いた労働需要分析の利点は，直接効果（雇用投入係数）だけでなく，産業部門間の連関性を考慮した波及計算を通し，間接効果（雇用誘発係数）を評価できることにある．正規雇用（表8-4，5列目）については，最終需要額1単位あたりの［間接］正規雇用誘発係数（人/10億円）が大きい順に，「41 分類不明」(22.77)，「24 水道」(19.04)，「02 鉱業」(15.93) である．また，非正規雇用（表8-4，6列目）について，最終需要額1単位あたりの［間接］非正規雇用誘発係数（人/10億円）の上位3部門は，「24 水道」(12.54)，「32 情報通信」(12.12)，「41 分類不明」(11.44) である．しかしながら，これらの雇用誘発係数が

大きい産業部門のうち,「32 情報通信」以外の産業部門の生産額構成比はいずれも 1.0 ％未満であるため,それぞれの雇用誘発係数の大きさに関わらず,県内雇用への実質の影響は小さいものと考えられる.

次に,各産業部門の労働需要への影響を総合的に把握するため,［直接＋間接］雇用誘発係数の検討を行う.**図 8-1** は,横軸に［直接＋間接］正規雇用誘発係数 (**表 8-4**,7 列目),縦軸に［直接＋間接］非正規雇用誘発係数 (**表 8-4**,8 列目) をとった散布図である.また,図中の◯の幅は生産額構成比の大きさを表現している.これにより,各産業部門の生産規模を考慮しつつ,静岡県内の雇用への影響を評価することができる.なお,図の煩雑さを避けるため,生産額構成比が上位の産業部門についてのみ描写した.

図 8-1 では,横軸・縦軸とも,当該産業部門の最終需要が 10 億円増えた場合に,直接・間接的に誘発される財・サービスの生産のために必要な雇用者数の増加をあらわしている.また,図中の 45 度線は,最終需要の増加により正規・非正規雇用に同数の増加が誘発されることを示している.すなわち,45 度線の右下に位置する部門は,当該産業部門の最終需要の増加が,より正規雇用を増やすことを示している.また,45 度線の左上に位置する産業部門は,当該産業部門の最終需要の増加が非正規雇用を増やす傾向にあることを示している.したがって,「27 小売」,「38 飲食サービス」,「39 その他の個人サービス」が 45 度線の左上に描写されていることは,これらの産業部門が非正規雇用の労働需要に大きく影響していることを示している.

また,生産額構成比が大きい「19 自動車・自動車部品」(11.65 ％) および「03 飲料品」(8.09 ％) に代表される製造業の多くは,45 度線の右下に位置している.このことから,製造業の最終需要の増加は,直接・間接的に正規雇用をより多く誘発することがわかる.一方で,全体とし

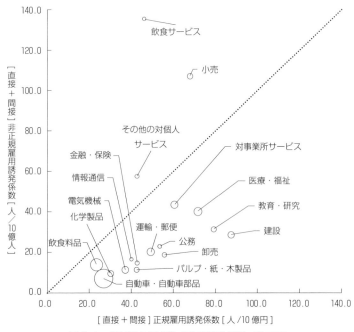

図 8-1　[直接＋間接] 雇用誘発係数（静岡県）

て，製造業の正規雇用誘発係数，非正規雇用誘発係数ともに比較的小さいため，原点付近に位置している．そのため，製造業の雇用効果は一見小さいようにもみえる．このことは，製造業の生産活動がより資本集約的なものであることを示しているとも解釈される．

このように，図 8-1 は，静岡県の労働需要への各産業部門の影響の強さを，最終需要額 1 単位あたりの雇用者数であらわすためには，効果的である．しかしながら，例えば，生産活動の自動化が進む製造業の代表である「19 自動車・自動車部品」の生産額あたりの雇用誘発係数が小さい，すなわち，図 8-1 中の原点付近に位置することは，当該部門の全国的な特徴であるとも考えられる．そこで，静岡県表から求めた雇用誘発

係数を全国表から求めた値で除し，全国比の形で描写したものが図8-2である．

図8-2で，横軸は［直接］正規雇用投入係数の全国比，縦軸は［間接］正規雇用誘発係数の全国比，○の幅は生産額構成比の大きさをあらわす．横軸の［直接］正規雇用投入係数の全国比が1.0よりも大きいことは，全国平均と比較して，最終需要額1単位あたりの［直接］正規雇用需要が大きいことを示す．一方，縦軸の［間接］正規雇用誘発係数の全国比は，当該経済の産業部門間の労働需要に関する連関性の強さを表現していると解釈できる．地域経済は，移出・移入を通した域外取引が大きいことが一般的であるため，静岡県経済の［間接］雇用誘発係数の全国比

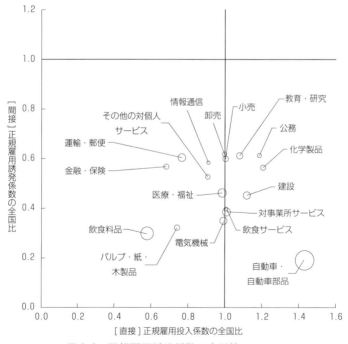

図8-2　正規雇用誘発係数の全国比（静岡県）

が，1.0よりも小さくなることは当然の結果であると言える．

　また，図8-1で原点付近に位置していた「19自動車・自動車部品」と「03飲食料品」について，図8-2からは，対照的な結果が得られる．すなわち，「19自動車・自動車部品」が図8-2の右寄りに位置するため，当該産業部門は生産額1単位あたりで，全国平均より多くの正規雇用を誘発することがわかる．一方，「03飲食料品」は図8-2の左寄りに位置し，全国平均と比較すると直接効果が小さいことがわかる．このように，図8-2は，静岡県内の各産業部門の労働需要の特徴をみるために有用である．

　図8-3は，愛知県の［直接］および［間接］正規雇用誘発係数の全国比を図示したものである．静岡県（図8-2）と比較すると，多くの産業部門が静岡県の同じ部門よりも上方にあることがわかる．すなわち，静岡県経済との比較では，愛知県経済の方が最終需要によって引き起こされる正規雇用への間接効果が大きいことがわかる．特に，両県の主要産業である「19自動車・自動車部品」（愛知県の生産額構成比：17.40％）について，図8-2の同産業部門よりも，横軸・縦軸ともに中央付近に位置していることは注目すべき点である．静岡県経済よりも愛知県経済の方が「19自動車・自動車部品」の生産額1単位あたりの正規雇用は小さい．しかしながら，その間接効果を考慮すると，当該産業部門が愛知県経済の労働需要に与える影響は，静岡県経済でのそれよりも大きいことがわかる．このことは，愛知県経済の「19自動車・自動車部品」が，静岡県経済の同産業部門と比べて，他の県内産業部門との労働需要に関する連関性が強いことを示している．言い換えれば，愛知県経済は，自動車製造関連産業について比較的自立的な地域経済であることを示している．

　図8-2と図8-3の比較で確認された雇用に関する地域経済の自立性を，より直接的に把握するためには，(8-11) 式で定義した雇用の域内歩留

第 8 章 地域産業連関モデルと労働需要　*135*

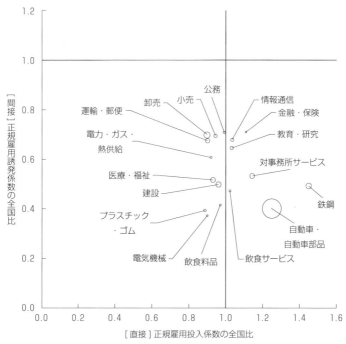

図 8-3　正規雇用誘発係数の全国比（愛知県）

まり率を評価することも効果的である．**表 8-4** の 9-10 列目は，静岡県経済の各産業部門の正規雇用および非正規雇用の域内歩留まり率である．生産額構成比の上位である「19 自動車・自動車部品」の歩留まり率は，正規雇用 10.01 ％，非正規雇用 9.96 ％と非常に低い．雇用の域内歩留まり率は，移輸入がない仮想的経済で生じるはずの労働需要のうち県内で生じるものの割合を指す．したがって，歩留まり率の低さは県外への雇用効果の流出の大きさを指す．静岡県の「19 自動車・自動車部品」については，愛知県との取引が大きいことから，その雇用の域内歩留まり率が低くなるものと考えられる．なお，愛知県についても同様の計算を行ったが，「19 自動車・自動車部品」の雇用の域内歩留まり率は，正規雇

用 52.27 ％, 非正規雇用 44.28 ％と, 静岡県の同産業部門と比べて高い
ことが確認された. 同様に, 「03 飲食料品」の雇用の域内歩留まり率は,
静岡県で正規雇用 14.29 ％, 非正規雇用 24.41 ％である. 一方, 愛知県
では, 正規雇用 62.06 ％, 非正規雇用 59.91 ％である.「03 飲食料品」に
関しても, 雇用の域内歩留まり率は愛知県の方が高いことがわかった.

最後に, 静岡県と愛知県について, (8-12) 式で求められた最終需要項
目別雇用誘発数を比較したものが**表 8-5** である. 静岡県は, 最終需要額
合計のうち, 43.68 ％を移出が占める. また, 移出によって直接・間接
的に誘発される労働需要は, 正規雇用で 43.60 ％, 非正規雇用で 35.61 ％,
正規雇用と非正規雇用を合わせると 40.69 ％となる. 一方, 愛知県の移
出額は最終需要額全体の 31.41 ％である. また, 愛知県で移出によって
直接・間接的に誘発される労働需要は, 正規雇用 31.25 ％, 非正規雇用
20.26 ％, 正規雇用と非正規雇用の合計 27.19 ％と, 静岡県と比較する
と低いことが確認された. このことは, **図 8-2** と**図 8-3** の比較および雇
用の域内歩留まり率の検討と矛盾しない結果である.

表 8-5　最終需要項目別雇用誘発

		静岡県			愛知県		
		消費	移出	輸出	消費	移出	輸出
最終需要額　[10 億円]		13,209 48.45 ％	11,908 43.68 ％	2,143 7.86 ％	29,892 53.53 ％	17,543 31.41 ％	8,409 15.06 ％
[直接・間接] 正規雇用	[千人]	517 48.97 ％	460 43.60 ％	78 7.43 ％	1,181 54.47 ％	678 31.25 ％	310 14.28 ％
[直接・間接] 非正規雇用	[千人]	365 60.51 ％	215 35.61 ％	23 3.87 ％	923 72.52 ％	258 20.26 ％	92 7.22 ％
[直接＋間接] 正規＋非正規	[千人]	882 53.17 ％	675 40.69 ％	102 6.14 ％	2,105 61.14 ％	936 27.19 ％	402 11.67 ％

おわりに

　この章では，地域産業連関表の取引基本表と雇用表を用いて，静岡県の産業部門別の労働需要に関するさまざまな指標を測定した．特に，正規雇用と非正規雇用，直接効果と間接効果を区分して分析することにより，産業部門間の連関性を通した総合的な雇用分析を行うことができた．さらに，全国平均との比較，愛知県経済との比較を行うことで，静岡県経済の産業部門別雇用の特徴を明らかにした．同じ方法を用いれば，他の都道府県についての分析が可能である．

　この章で行った地域経済の労働需要分析は，第4章で扱った人口移動の理論モデルのうち，地域の魅力乗数を把握しようとする試みの一貫であった．しかしながら，実証分析の結果からは，労働需要と魅力乗数との関連が不明確なままである．それは，生産額1単位あたりの雇用者数が大きいことが地域の魅力にとって必ずしもプラスに作用するとは限らないからである．労働投入係数は，1単位の生産に直接的に必要な労働者数を示すため，労働生産性の逆数であると解釈される［総務省 2015：137］．したがって，生産額1単位あたりの労働需要の大きさと労働生産性はトレードオフの関係にある．

　また，移出への経済的依存と地域の魅力乗数との関係についても，注意が必要である．愛知県の雇用の域内歩留まり率は，静岡県のそれよりも大きいことが確認された．同様に，静岡県のほうが生産・雇用の両面で，より移出への依存が大きいことが示された．高瀬［2016］では，移出額の大きさは当該地域の「稼ぐ力」をあらわすもの，すなわち，当該地域の魅力乗数にプラスの作用があると考えていたが，人口移動の観点からは別の見方が必要であると思われる．本章の分析で計測した労働需要，

労働生産性，雇用の域内歩留まり率および移出依存度と地域の魅力乗数の関係については，より慎重な議論が必要である．

さらに，本章の分析では，産業連関モデルの制約により，労働投入係数が一定であることを想定している．一方，現実の企業行動としては，生産を増やすために，労働者数を一定としつつ所定外労働時間を増やすことが可能であり，労働時間をより弾力的に運用することも考えられる［厚生労働省 2016：11-12］．また，設備増強によって労働生産性の変化が生じる可能性もある．この問題に対応するため，労働需要を雇用者数でなく，労働時間で測定することで，より実態に近い分析が可能であると思われる．そのため，労働時間と雇用者数の関連を分析モデルに取り込むことは，今後の課題である．

参考文献

入谷貴夫［2012］『地域と雇用をつくる産業連関分析入門』自治体研究社.

厚生労働省［2016］『平成 23 年（2011 年）産業連関表　労働誘発係数』厚生労働省大臣官房統計情報部.

総務省［2015］『平成 23 年（2011 年）産業連関表——総合解説編——』経済産業調査会.

高瀬浩二［2013］「産業連関モデルによる生産誘発係数の都道府県比較」『経済研究』（静岡大学），17(4)，pp. 159-175.

高瀬浩二［2016］「産業連関モデルによる基盤産業の把握」，山下隆之編『地域経済分析ハンドブック——静岡モデルから学ぶ地方創生——』晃洋書房，pp. 148-171.

終章

政策的提言

終　章　政策的提言　　*141*

静岡県の女性人口の流出から始めて，現代日本の人口移動の様相を経済学的に明らかにしてきた．

1　産業構造からみた人口流出問題

静岡県は，製造業を基盤産業（basic industry）とし，第3次産業を非基盤産業（non-basic industry）としている．経済基盤モデル（economic base model）の考え方によれば，**図9-1**のような経済構造である[1]．これに現在の人口流出入の動向を書き込むと，**図9-2**のようになる．

女性労働者は基盤産業と非基盤産業（第3次産業）の両方から流出を続けており，それを外国人労働者で補っている．2019年4月に新たな在留資格である「特定技能」が導入され，今後5年間，全国で34万5150人を受入れが予定されている．外国人労働者は製造現場を中心になくてはならないものとなっているため，静岡県も外国人労働者の更なる受け入れにより人手不足に対応する可能性がある．しかし，これが域内需要の拡大や婚姻率の回復に資するかどうかは不明である．

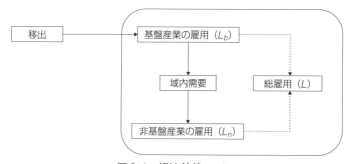

図9-1　経済基盤モデル

（出所）筆者作成．

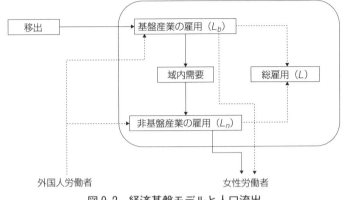

図9-2 経済基盤モデルと人口流出
(出所) 筆者作成.

2 女性の社会的移動

　男女雇用機会均等法（1985年制定）が施行されてから30年以上が経過した．諸外国と比べるとまだ不十分だとする議論もあるが，女性の就業はいまや当たり前となっている．従って，女性人口の社会的移動は今後も拡大すると考える方が自然であろう．

　しかし，本書では度々指摘してきたが，男性と比べると女性が就業する産業には偏りが見られる．このことが女性人口の社会移動に影響しているものと考えられる．

　この偏りが，労働需要側（企業側）に起因するものなのか，それとも労働供給側（女性側）に起因するものなのかは明らかにすることができなかった．しかし，静岡県の女性には東京都への移動傾向が強いことが明らかにされた（第5章）．また，静岡県内の第3次産業の進展が人口移動を容易にしていることを明らかにすることができた（第6章）．

　地域の資源や固有の技術を必要とする第1次産業や第2次産業と比べ

ると，第3次産業での職能はどこの土地へ行っても生かせるものである．もしも，女性人口の流出を防ぐのが必要であるとするならば，大都市を真似た街づくり等で引き留めるのではなく，その地域固有の産業を育成する必要があるのではないだろうか．

3　日本経済への影響

　女性の人口移動に第3次産業が関わるとすると，日本経済の生産性の問題も考えなければならない．人口移動が労働生産性の低い産業分野から高い産業分野への移動を伴うのであれば，問題はない．しかし，第3次産業はそもそも労働生産性の高い分野だけでなく，それよりももっと広範囲な生産性の低い分野を含んでいる．有効求人倍率の高い産業分野は往々にして，労働生産性の低い分野である．

　図9-3は，人手不足が深刻化している製造業に関して，特化係数と1人当たり県民所得の関係を見たものである[2]．図9-4は，有効求人倍率の

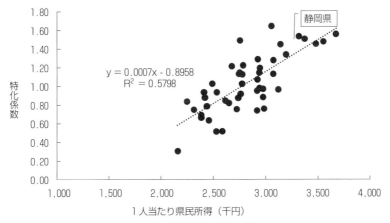

図9-3　製造業と県民所得

（出所）総務省統計局「国勢調査」と内閣府「県民経済計算」から筆者作成．

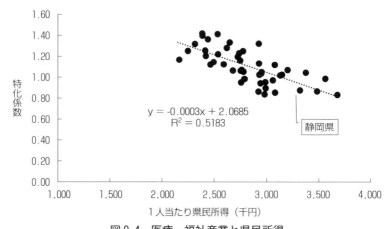

図 9-4 医療・福祉産業と県民所得
(出所) 総務省統計局『国勢調査』と内閣府『県民経済計算』から筆者作成.

　高い成長産業と一般に考えられている医療・福祉産業に関して，特化係数と1人当たり県民所得の関係を見たものである．

　明らかに製造業は県民所得とプラスの関係にあり，医療・福祉産業はそうではない．もしも，女性の社会的移動が，生産性の低い分野への移動であるならば，その原因を解明し，早急な対策を講じることが，経済成長の視点から必要である．

注
1) 経済基盤モデルの詳細については，山下［2016］を参照して欲しい．
2) 県民所得概念だと，東京都の値は他県よりかなり大きくなるため，グラフから外してある．

参考文献
山下隆之編［2016］『地域経済分析ハンドブック——静岡モデルから学ぶ地方創生——』晃洋書房．

索　　引

〈アルファベット〉

O-D 表　65

〈ア 行〉

域内歩留まり率　122
移動の法則　47, 89, 97
移動率　66
移輸入外生型モデル　122

〈カ 行〉

階層構造　89
間接効果　121
基盤産業　141
競争移輸入型モデル　120
均衡生産額　120
クリスターラー　89
工業整備特別地域　14
合計特殊出生率　31
高度技術工業集積地域開発促進法　15
国土総合開発法　16
コーホート　4, 35
雇用原単位　126
雇用表　119

〈サ 行〉

最終需要項目別労働誘発数　123
産業構造要因　104
シフト・シェア分析　34, 103
修正重力モデル　95
重力モデル　49, 90
初婚率　33

人口のダム　92
新産業都市　14
新全国総合開発計画　15, 98
生産年齢人口　3, 115
性比　5, 36
　　人口——　36
全国総合開発計画　14, 16
総合保養地域整備法　16
相対的差異シフト　106
相対的比例シフト　106

〈タ 行〉

地域特殊要因　104
中心地理論　89
直接効果　121
特化係数　114
取引基本表　119

〈ナ 行〉

年齢別出生率　31
乗り換えモデル　32

〈ハ 行〉

非基盤産業　141
ベッカーモデル　32

〈マ 行〉

まち・ひと・しごと創生長期ビジョン　20
魅力乗数　56, 137

〈ヤ 行〉

有配偶出生率　32

〈ラ 行〉

ラベンスタイン　47, 51, 89, 94, 97

レオンチェフ逆行列　121
労働供給曲線　52
労働需要曲線　52
労働投入係数　121
労働誘発係数　121

《執筆者紹介》（執筆順，＊は編著者）

＊山 下 隆 之（やました　たかゆき）[はじめに，第1・4・6・7・終章]

奥付参照

片 岡 達 也（かたおか　たつや）[第2・終章]

1967年生まれ．静岡大学人文学部卒業．現在，静岡県経済産業部就業支援局職業能力開発課課長代理．『地域経済分析ハンドブック――静岡モデルから学ぶ地方創生――』（共著），晃洋書房，2016年．「新たな観光資源の創作に向けて――アニメとスポーツを例に――」『SRI』（静岡総合研究機構），106，2012年．

齋 藤 清 高（さいとう　きよたか）[第3章]

1996年生まれ．静岡大学人文社会科学部卒業．現在，静岡県議会事務局政策調査課主事．

上 藤 一 郎（うわふじ　いちろう）[第5章]

1960年生まれ．龍谷大学大学院経済学研究科博士後期課程単位取得満期退学．現在，静岡大学人文社会科学部教授．『データサイエンス入門』（編著），オーム社，2018年．『地域経済分析ハンドブック――静岡モデルから学ぶ地方創生――』（共著），晃洋書房，2016年．『調査と分析のための統計――社会・経済のデータサイエンス――（第2版）』（共著），丸善，2013年．『社会の変化と統計情報』（共編著），北海道大学出版会，2009年．

塚 本 高 士（つかもと　たかし）[第6章]

1955年生まれ．慶應義塾大学経済学部卒業．現在，静岡赤十字病院事務部長．「日本のクリスタラー型人口構造における近年の人口の移動状況と，地方中心都市への人口集中による人口減少の加速化」（共同報告論文），日本経済政策学会第51回中部地方大会，2018年．『地域経済分析ハンドブック――静岡モデルから学ぶ地方創生――』（共著），晃洋書房，2016年．『地域における国際観光戦略モデルの構築に関する研究』，（NIRA　助成研究報告書，0656），静岡総合研究機構，2006年．

高 瀬 浩 二（たかせ　こうじ）[第8章]

1970年生まれ．早稲田大学大学院経済学研究科博士後期課程修了，博士（経済学）．現在，静岡大学人文社会科学部教授．「連関性指標の再検討――都道府県産業連関表を用いた実証分析――」『経済研究』（静岡大学），21(4)，2017年．『地域経済分析ハンドブック――静岡モデルから学ぶ地方創生――』（共著），晃洋書房，2016年．「廃棄物産業連関モデルによる消費者行動の分析」『日本LCA学会誌』（共著），2(1)，2006年．"An Analysis of Sustainable Consumption by the Waste Input-Output Model," （共著）*Journal of Industrial Ecology*, 9 (1-2), 2005.

《編著者紹介》

山下隆之（やました　たかゆき）

　1962 年生まれ
　青山学院大学大学院経済学研究科博士後期課程標準修業年限満了退学（1990 年）
　専門分野：ミクロ経済学，産業組織論
　現　　　職：静岡大学人文社会科学部教授

主要業績

『地域経済分析ハンドブック――静岡モデルから学ぶ地方創生――』（編著），晃洋書房，
　2016 年.
"A System Dynamics Approach to the Regional Macro-economic Model,"
　*Proceedings of the 29th International Conference of the System Dynamics
　Society*, System Dynamics Society, 2011.
『はじめよう経済数学』（共著），日本評論社，2003 年.
"Exchange Rates, Retail Prices, and Market Structure,"（共著）R. Sato, R. V.
　Ramachandran and K. Mino eds., Global *Competition and Integration*, Kluwer
　Academic Publishers, 1999.

静岡大学人文社会科学部研究叢書 No. 68

人口移動の経済学
――人口流出の深層――

2019 年 3 月 30 日　初版第 1 刷発行　　＊定価はカバーに
　　　　　　　　　　　　　　　　　　　表示してあります

編著者　　山　下　隆　之 ©

発行者　　植　田　　　実

印刷者　　田　中　雅　博

発行所　株式会社　晃　洋　書　房

〒615-0026　京都市右京区西院北矢掛町 7 番地
　　　　　電　話　075（312）0788番代
　　　　　振 替 口 座　01040-6-32280

装丁　野田和浩　　　　　　　印刷・製本　創栄図書印刷㈱

ISBN978-4-7710-3197-5

JCOPY〈（社）出版者著作権管理機構委託出版物〉
本書の無断複写は著作権法上での例外を除き禁じられています．
複写される場合は，そのつど事前に，（社）出版者著作権管理機構
（電話 03-5244-5088, FAX 03-5244-5089, e-mail:info@jcopy.or.jp)
の許諾を得てください．